税 法 概 論

〔二十一訂版〕

図子善信 著

一般財団法人　大蔵財務協会

は　し　が　き

　本書は，私が大学で税法の講義をする際に，教科書として使用する目的で書いたものである。大学の限られた講義時間において，初めて税法に接する学生に対して，広範な税法の体系の中の何を教えるべきかは，大変難しい問題である。

　私の講義を受講する学生の大半は民間企業への就職を希望しており，彼らは将来企業において税に関わる仕事に携わる可能性がある。一部の学生は公務員として税務行政に携わることを希望しており，希望がかなえば税務職員としてさらに税法の探求が必要となる。また，難関の税理士試験の受験を志している学生もいる。

　一方，現在，わが国の財政は憂慮すべき状態となっており，今後国民の税負担は増加せざるを得ないと思われる。その際，公平な税制と執行における課税の公平が不可欠である。国民が税について正しく理解し，税法を遵守し，かつ正当な権利の主張を畏れず，国民と税務行政庁が租税正義の実現に努めることが，財政の再建と経済社会の発展の基盤になると考える。そのために，私の講義を受講する学生には，税についての断片的な知識でなく，税および税法の本質についての理解を深めてもらいたい。

　以上のことから，私は，税法の総論と将来社会に出て接する可能性の高い税目について，税法の基本的な考え方を述べようとしてきた。基本的考え方の理解が，将来現実に税の問題に直面し検討するとき，またより深く専門的に税法を勉強しようとするときに重要であると考

えるからである。しかし，当然のことながら講義では説きつくせない
ことも多く，それを補うための教科書の必要性が痛感された。この本
はそのような目的により書かれているので，特別措置，特例等の技術
的事項は大幅に省略しながらも，できるだけ体系的に，実務にも照ら
して重要な事項を選び，解りやすく説いたつもりである。

　私の講義を受講する学生のみでなく，初めて税法を学ぼうとする者
にも，本書が税法の概要を理解するための入門書としての役割を果た
せれば幸いである。

　なお，本書の執筆に当たり，多くの先達の著作を参照させていただ
いた。主なものを末尾に掲げて感謝の意を表するしだいである。

　　平成10年3月

　　　　　　　　　　　　　　　　　　　　　　　図 子 善 信

　　　　　　　　　二十一訂にあたり

　税法については，現在，国会に令和6年度税制改正の法律案が提出
されている。今回，内容をこの税法改正に沿って修正することを主た
る目的として，本書を改訂するものである。

　　令和6年3月

　　　　　　　　　　　　　　　　　　　　　　　図 子 善 信

目　　　次

序　　論

1.　財政の現状

　国と地方公共団体は，国民や住民のために外交，防衛，司法，警察といった秩序維持活動や治山・治水，道路建設等の公共事業を行っている。また，教育や科学研究でも重要な役割を果たすほか，私的独占の禁止，鉄道・電力・通信等の公益事業についての統制，環境保護のための規制などを行っている。

　さらに，現在では，経済の安定的成長を確保し，社会保障を含む各種サービスを提供することにより，国民に尊厳ある善き人生を保障することも，国や地方公共団体の存在する理由であると考えられている。国や地方公共団体は，これらの目的を達成するための広範な活動のために，膨大な資金を必要とし，これを調達し，支出している。

　財政とは，一般に政府の経済活動として定義される。政府の経済活動とは，国や地方公共団体の広範な活動のための資金の調達と支出すなわち歳入・歳出と財政投融資などを指している。歳入という資金の負担者と，歳出によるサービスの受け手の関係から，財政は所得の再分配の効果を有する。

　それでは，どのようなサービスを行えば防衛や治安維持に加え，国民の福祉を増大し，国民の善き人生に貢献できるのであろうか。それは，国の壮大な事業計画といえるが，その事業計画は毎年度の国家予算として策定されている。予算は，内閣が作成し，国会の議決を経て

成立する。予算は，その資金の配分を決めることにより，国がその年度に行うべき事業を決定するものである。憲法が，予算を国会の最も重要な審議事項として定めているのは，予算が国の事業計画の意味をもっているからである。

　それでは，わが国の財政の現状はどのようなものであろうか。国の令和6年度予算の歳入，歳出の状況は次のとおりである。

		伸び率
一般会計	112兆5,717億円	△1.6%
歳　　入		
租　税　及　び　印　紙　収　入	69兆6,080億円	0.2%
そ　　　の　　　他　　　収　　　入	7兆5,147億円	△19.4%
公　　　　　　債　　　　　　金	35兆4,490億円	△0.5%
歳　　出		
社　会　保　障　関　係　費	37兆7,193億円	2.3%
文　教　及　び　科　学　振　興　費	5兆4,716億円	1.0%
国　　　　　債　　　　　費	27兆90億円	7.0%
恩　　給　　関　　係　　費	771億円	△20.5%
地　方　交　付　税　交　付　金　等	17兆7,863億円	8.5%
防　　衛　　関　　係　　費	7兆9,172億円	△22.1%
公　共　事　業　関　係　費	6兆828億円	0.0%
経　　済　　協　　力　　費	5,041億円	△1.4%
中　小　企　業　対　策　費	1,693億円	△0.6%
エ　ネ　ル　ギ　ー　対　策　費	8,329億円	△2.5%
食　料　安　定　供　給　関　係　費	1兆2,618億円	△0.3%
そ　の　他　事　項　経　費	5兆7,402億円	△1.0%
原油価格・物価高騰対策及び賃上げ促進環境整備対応予備費	1兆円	△75.0%
予　　　　備　　　　費	1兆円	100.0%

　令和6年度一般会計予算は，前年度より約1.8兆円減少している。予算規模が前年度より縮少する現象は近年では見られないことである。

しかし，その原因は昨年度の新型コロナウイルス感染症対策予備費4兆円とウクライナ情勢経済緊急対応予備費1兆円を廃止し，新たに原油価格・物価高騰対策及び賃上げ促進環境整備対応予備費1兆円を設けたことにあり，実質的予算は増加しているといえる。税収は前年度よりわずかな増加に止まり，その他収入が9.3兆円から7.5兆円と大幅に減少したが，予算規模が縮少したことから公債金が1,740億円減少している。したがって，従来から目的とされてきた財政健全化はわずかに前進している。

歳出に対する税収等の不足額である今年度の財政赤字は35.4兆円であり歳入に占める比率（公債依存度）は31.5％と極めて高く，その額はGDPの5.8％と高水準になっている。この財政赤字である35.4兆円は，国債発行により公債金として調達されるが，年度末の国債発行残高は，過去の国債発行と合わせて約1,105兆円となる。これは，GDPの1.8倍，年度の租税及び印紙収入の15.9倍の多額なものになっている。

これらの国債は，今後の税金によって償還されるべきものであり，国債発行残高の膨張は，必然的に長期にわたる国民の税負担の増加をもたらすものである。また，これは，国債費（償還・金利等）の増加による一般歳出の圧迫として，財政の機能低下をもたらす。さらに，国債の償還不能または急激なインフレへの懸念から，わが国の財政金融システムへの信頼を損ない，国民の政治，行政への不信感を醸成しつつある。このような将来への不安感が，現在の消費を抑制し，景気回復を遅らせているとも考えられる。

今後，速やかに財政のプライマリーバランス（税収等と国債費以外の政策的経費の均衡）を回復することが望まれる。

〈参　考〉

1. 国の財政活動は，一般会計によるものだけでなく，多くの特別会計を通じた活動がある。

2. 財政投融資とは，財政投融資特別会計国債などによる資金を原資とする国の投資や融資である。令和6年度の国の財政投融資計画の総額は，前年度より減少し13兆3,376億円（伸び率△18.0%）となっている。

3. 令和6年度の地方団体の歳入・歳出総額の見込みは，93兆6,388億円（伸び率1.7%）である（令和6年度地方財政計画）。

4. 一般に財政の機能として次の三つが挙げられる。
　　資 源 配 分 機 能
　　所 得 再 分 配 機 能
　　経 済 安 定 化 機 能

5. 令和6年度のプライマリーバランス
公債金を除く税収等77.1兆円－政策的経費（歳出－国債費）85.6兆円＝△8.5兆円
プライマリーバランスを回復するには8.5兆円の増税が必要である。

6. 租税または税とは，通常「国または地方公共団体が財政資金の調達を目的として，反対給付なしに強制的に課す金銭給付である。」と定義されるが，より法的に定義すれば，「国または地方公共団体の課税権に基づき，法令によって給付を義務付けられた金銭である。」といえる。課税権とは，国に当然存在する統治権の財政収入を目的とする一態様である。

2. 租税制度の現状

令和6年度一般会計予算は，税収が歳入の61.8%であり，歳入の項目で最も重要なものは租税である。現在は公債金への依存度も高

いが，すでに述べたように国債は最終的には租税により償還されるものである。その意味で租税は，政府の活動とは切り離せないものであり，租税無くして国家の活動はあり得ない。

　そして，もし一種類の税で公平な課税が行われ，必要な歳入が確保できれば，複数の税を設ける必要はない。しかし，現実にはそのような理想的な税は存在しないので，必要な歳入を確保するために様々な税を設けて，全体として公平で負担感が比較的少なくなるような仕組みを設けている。その税の組み合わせを租税制度または税制という。わが国では，サラリーマン層を中心に所得税の重税感とクロヨン（９．６．４）といわれる給与所得・事業所得・農業所得の把握の不公平感が高まったことから，昭和63年に抜本的税制改革とよばれる改正が行われ，国民的議論をよんだ消費税が導入された。この時制定された税制改革法第２条では，税制改革の目的を「……国民の租税に対する不公平感を払しょくするとともに，所得，消費，資産等に対する課税を適切に組み合わせることにより均衡がとれた税体系を構築することが，国民生活及び国民経済の安定及び向上を図る上で緊要な課題であることにかんがみ，これに即応した税制を確立するために行われるものとする。」と定めている。また，同法第３条では「今次の税制改革は，租税は国民が社会共通の費用を広く公平に分かち合うためのものであるという基本的認識の下に，税負担の公平を確保し，税制の経済に対する中立性を保持し，及び税制の簡素化を図ることを基本原則として行われるものとする。」と公平，中立，簡素を租税制度の基本原則としている。

　現在の国税の税目と収入（令和６度予算）の状況は次のとおりである。

		構成比
所　得　税	17兆9,050億円	23.9%
内訳 ⎰ 源　泉　分	14兆1,600億円	18.9%
⎱ 申　告　分	3兆7,450億円	5.0%
法　人　税	17兆　460億円	22.8%
相　続　税	3兆2,920億円	4.4%
消　費　税	23兆8,230億円	31.9%
酒　　　税	1兆2,090億円	1.6%
た　ば　こ　税	9,480億円	1.3%
揮　発　油　税	2兆　180億円	2.7%
石　油　ガ　ス　税	40億円	0.0%
航　空　機　燃　料　税	320億円	0.0%
石　油　石　炭　税	6,060億円	0.9%
電　源　開　発　促　進　税	3,110億円	0.4%
自　動　車　重　量　税	4,020億円	0.5%
国　際　観　光　旅　客　税	440億円	0.0%
関　　　税	9,170億円	1.2%
と　　ん　　税	90億円	0.0%
印　紙　収　入	1兆　420億円	1.4%
計	69兆6,080億円	93.1%
地　方　法　人　税（特）	1兆9,750億円	2.6%
地　方　揮　発　油　税（特）	2,159億円	0.3%
石　油　ガ　ス　税　譲　与　分（特）	40億円	0.0%
航空機燃料税譲与分（特）	142億円	0.0%
自　動　車　重　量　税　譲　与　分（特）	3,045億円	0.4%
特　別　と　ん　税（特）	113億円	0.0%
森　林　環　境　税（特）	434億円	0.1%
特　別　法　人　事　業　税（特）	2兆1,213億円	2.7%
た　ば　こ　特　別　税（特）	1,143億円	0.2%
復　興　特　別　所　得　税（特）	3,760億円	0.5%
合　　　計	74兆7,879億円	100.0%

（特）は，特別会計分である。

また，地方公共団体の課す地方税は，次のようなものである。

道府県税

普通税　道府県民税，事業税，地方消費税，不動産取得税，道府県たばこ税，ゴルフ場利用税，軽油引取税，自動車税，鉱区税

目的税　狩猟税，水利地益税

市町村税

普通税　市町村民税，固定資産税，軽自動車税，市町村たばこ税，鉱産税，特別土地保有税

目的税　入湯税，事業所税，都市計画税，水利地益税，共同施設税，宅地開発税，国民健康保険税

なお，東京都は道府県税と市町村税の一部を課し，東京都の特別区は市町村税の一部を課す。道府県民税は都民税，市町村民税は特別区民税となる。

〈参　考〉

1. 租税の根拠

　なぜ国家は課税できるのかという租税の根拠については，国家から受ける利益の対価とする利益説と，国家に対する義務であるとする義務説がある。国家という社会全体としてみれば利益説が妥当し，個別に各個人としてみれば義務説が妥当するといえよう。

2. 租税負担の配分

　租税負担をどのように配分するかについて，国家から受ける利益に応ずるとする利益説と負担能力に応ずるとする能力説がある。利益説は，租税の根拠の利益説から導かれるものである。現在は能力説が主流となっている。

3. 租税原則

どのような税が望ましいかについて，その基準となる原則を示したのが租税原則である。租税原則は，多くの財政学者によって研究されてきており，その中で有名なのは次のものである。

　　アダム・スミス（イギリス1727―1790）の原則

　　　公平の原則，明確の原則，便宜の原則，最少徴税費の原則

　　アドルフ・ワグナー（ドイツ1835―1917）の原則

　　　財政政策上の原則　　十分性，弾力性

　　　国民経済上の原則　　正しい税源の選択，正しい税種の選択

　　　公　正　の　原　則　　普遍性，公平

　　　税務行政上の原則　　明確性，便宜性，最少徴税費

　　リチャード・マスグレイブ（アメリカ1910―2007）の原則

　　　公平，中立性，租税政策と公平性との調整，経済の安定と成
　　　長，明確性，費用最少

　4．　租税は次のように分類されることがある。

　　国税と地方税，内国税と関税，直接税と間接税，人税と物税，普通
　　税と目的税，収得税・財産税・消費税・流通税，独立税と付加税，
　　経常税と臨時税，従量税と従価税，累進税と比例税

3．　執行機関

　国の機関はその活動に金銭の支出を伴うものであり，その意味で国の機関は全て財政に携わっているといえる。しかし，特に財務省が国の予算の原案作成を担当し，歳入の中心となる租税に関して税法の立案と税の賦課徴収を担当し，さらに国債発行，財政投融資計画の作成等を担当していることから，財政当局と呼ばれている。

　財務省の組織は次のとおりである。

●財務省の組織

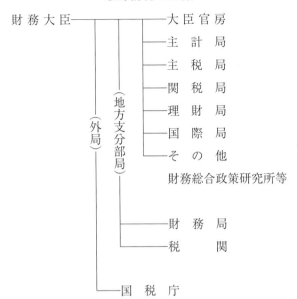

　税法の執行，すなわち国税の賦課徴収を中心とする税務行政を担当しているのは，財務省の外局である国税庁である。国税庁は，戦後の混乱した税の執行状況に対処するため，昭和24年に大蔵省（現財務省）の主税局と地方支分部局である財務局に属していた税の執行に係る事務を引き継いで創設された。現在，財務省全体の約7万3千人の職員のうち，約5万6千人が国税庁の職員である。

　国税庁の組織は次のとおりである。

○国税庁の組織

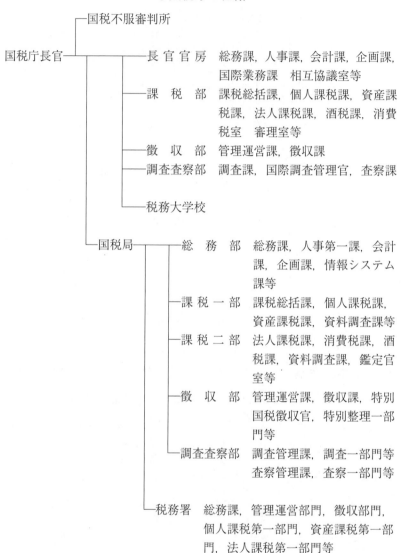

国税庁長官
├─ 国税不服審判所
├─ 長官官房　総務課，人事課，会計課，企画課，国際業務課　相互協議室等
├─ 課　税　部　課税総括課，個人課税課，資産課税課，法人課税課，酒税課，消費税室　審理室等
├─ 徴　収　部　管理運営課，徴収課
├─ 調査査察部　調査課，国際調査管理官，査察課
├─ 税務大学校
└─ 国税局
　　├─ 総　務　部　総務課，人事第一課，会計課，企画課，情報システム課等
　　├─ 課 税 一 部　課税総括課，個人課税課，資産課税課，資料調査課等
　　├─ 課 税 二 部　法人課税課，消費税課，酒税課，資料調査課，鑑定官室等
　　├─ 徴　収　部　管理運営課，徴収課，特別国税徴収官，特別整理一部門等
　　├─ 調査査察部　調査管理課，調査一部門等　査察管理課，査察一部門等
　　└─ 税務署　総務課，管理運営部門，徴収部門，個人課税第一部門，資産課税第一部門，法人課税第一部門等

全国に国税局が11と沖縄国税事務所があり，全国524の税務署をそ

れぞれの管轄地域ごとに指揮監督をしている。

4. 税理士制度

　現在，わが国では比較的適正な課税が実現していると考えられるが，その原因の一つに税理士制度の定着を挙げることができよう。税理士とは，一定の資格を有し，他人の求めに応じて租税に関し，税務代理，税務書類の作成その他の行為を業として行う者である。納税者の代理をする者は，太平洋戦争前の課税強化により納税者の負担が増えてくるにしたがい，自然発生的に現れてきた。戦後，申告納税制度が導入され，納税者による税額の算定が原則となったことから，そのような専門家が必要であることが認識され，昭和26年に税理士法が制定された。税理士法はその後昭和55年に改正が行われ，税理士の立場が明確にされた。また，平成13年には，信頼される税理士制度確立のため税理士法人の導入，試験制度の整備等を内容とする改正が行われた。

　税理士法の第1条は，税理士の使命について「税理士は，税務に関する専門家として，独立した公正な立場において，申告納税制度の理念にそって，納税義務者の信頼にこたえ，租税に関する法令に規定された納税義務の適正な実現を図ることを使命とする。」と定めている。税理士となる資格を有するのは，税理士試験合格者・税理士試験免除者・弁護士・公認会計士であり，これらの者が日本税理士会連合会の名簿に登録されることにより税理士となる。税理士業務は，租税につき税務代理，税務書類の作成および税務相談を行うことであり，原則として税理士でない者は税理士業務を行うことができない。

　令和6年1月末現在で，全国の税理士数は81,132人であり，税務行

政と納税義務者の間にあって適正な課税に大きな役割を果たしている。

5. わが国の租税制度の発展

　わが国でいつ頃租税が成立したかは明らかでないが，魏志倭人伝に「収租賦有邸閣」とある。西暦240年—250年の頃である。

　大和朝廷は，御県（ミアガタ），屯倉（ミヤケ），御子代（ミコシロ），御名代（ミナシロ）等の皇室直轄地からの貢租により運営されていた。

　西暦645年の大化の改新を経て律令国家が成立し，中央集権的な全国統一の班田収授の法が実施され，租庸調を徴収する制度が整えられた。

　その後班田収授の制度も崩れ，平安時代は荘園制が広がった。鎌倉時代には守護領国制となり，守護は中央の荘園領主から独立し世襲となった。戦国時代は貫高制で大名直轄地より検地・貫高による年貢制度となった。江戸時代は，当初大名の家来の知行地が明らかな地方（ヂカタ）知行制であったが，17世紀の後半に知行権を否定し，全て藩に収めて俸禄を支払う蔵米制となった。課税の方法は，村の石高に免（税率）を掛けて村の貢租の額が決まり，それを村中で割り当てる村請制であった。

　明治政府は，当初は幕府の制度を受け継いだ。全国の田地は約3,000万石で旧幕領の政府直轄地は約800万石であった。明治4年に廃藩置県が行われ，財政の確立のために地租改正の必要にせまられた。同年市街地の所有権者に地券金高の100分の1の税率で地租が課税された。明治6年7月の地租改正条例により，民有地につき地券金高の

３％の金納の課税が行われることとなった。地租改正事業により土地所有権が確定し，経営の自由が確立された。明治８年には，旧藩時代から存在していた2,000種以上の雑税が廃止された。明治初年の税制では地租と酒税に負担が偏っていたが，明治20年には，農業以外の産業が発展しつつあったことから，所得税法が制定された。当初は高額所得者に１％から３％の税率で課税した。納税者は約12万人であった。明治32年の改正により，法人に対しても所得税の課税が行われることとなり，産業の発展とともに地租の比率は低下し，所得税の比率が高まってきた。昭和19年には地租は税収の0.3％に低下している（昭和22年地方税に移譲，昭和25年廃止）。

昭和20年の太平洋戦争終戦後は疲弊した経済の復興のために財政の役割が欠かせず，富裕層に対する財産税等の過酷な課税が行われた。また，担税力の少ない納税者に対しても強力な課税が行われ，制度的にも税務行政の面でも混乱した。しかし，昭和24年の米国のシャウプ使節団による税制に関する勧告に基づき，直接税中心の累進度の高い税制が構築され，戦後の租税制度が確立されていった。昭和63年の抜本的税制改革により一部修正されたとはいえ，シャウプ勧告の影響は現在も色濃く残っている。

〈参　考〉

1. 地券　土地所有権を証明する証書であり，地租課税のため政府により発行された。
2. 税務署は，明治29年11月１日にそれまで府県の組織であった収税署を国に移管して設置された。全国で520署であり現在の税務署数とあまり変わらない。

3. 税収構成比の推移

	明治10年	明治30年	大正5年	昭和10年
地　　租	82.3%	37.6%	18.9%	5.8%
酒(類)税	6.4%	30.8%	23.2%	20.8%
所 得 税	—	2.1%	13.2%	22.6%
(海)関税	4.9%	8.1%	9.3%	15.1%
そ の 他	6.4%	21.4%	35.4%	35.7%
税収合計	4,792万円	1億88万円	3億8,237万円	10億472万円

	昭和19年	昭和30年	昭和40年	昭和50年
地　　租	0.3%	—	—	—
酒　　税	7.6%	19.7%	11.4%	6.5%
所 得 税	34.6%	34.1%	31.3%	38.7%
法 人 税	11.3%	23.5%	29.9%	29.1%
関　　税	0.1%	3.3%	7.2%	2.6%
そ の 他	46.1%	19.4%	20.2%	23.1%
税収合計	116億6,514万円	8,181億円	3兆992億円	14兆1,663億円

	昭和60年	平成7年	平成17年	平成27年
所 得 税	39.4%	35.5%	29.8%	28.3%
法 人 税	30.7%	25.0%	25.4%	18.9%
消 費 税	—	13.2%	20.2%	29.4%
酒　　税	4.9%	3.7%	3.0%	2.2%
関　　税	1.6%	1.7%	1.7%	1.9%
そ の 他	23.4%	20.9%	19.9%	19.3%
税収合計	39兆1,502億円	54兆9,630億円	52兆2,905億円	58兆1,455億円

税 法 総 論

　税法は，税に関する法である。その内容は多様であるが，納税義務の有無および内容について，すなわち納税義務の成立の要件について定める租税実体法，納税者と国の関係で納税義務を発生・消滅させる方法および行為と，これに係る争訟について定める租税手続法，さらに税法違反に対する刑罰を定める租税刑法から成っている。税法は，税務行政の根拠法であるとともに，税務行政を規制するものであり，その意味で行政法の一分野を担っている。特に租税手続法においては，税務行政庁に一定の権限が認められており，行政官庁に一定の権限を認める法律関係を対象とする行政法の理論が適用される分野である。一方，税法の中核を成す租税実体法は，主として複雑で流動的な経済事象の中の特定の事実を納税義務（債務）成立の要件として定める法律であり，税法特有の規定である。したがって，税法を全体的に見ると，行政法の中で税に関する分野において独自の体系を成す一群の法であるといえよう。そして，税法を研究対象とする税法学の目的は，税法の立法と執行すなわち租税制度の定立，税法の解釈と事実の認定に基づく適用において公平を追及し，税法の規律する分野において正義を実現することである。

　税法総論では，税法の基本原理である租税法律主義，税法の法源，税法の解釈と適用，租税手続法の中核を成す納税義務の成立・税額の確定・納税義務の消滅と争訟手続および租税刑法を取り上げる。

第一章　租税法律主義

　租税法律主義は，租税を賦課・徴収するには，議会の議決した法律
の根拠を要するという原理である。刑法における罪刑法定主義が，近
代法治国家において国王または行政権の恣意的権力発動から国民の生
命と自由を保護する原理として成立したように，租税法律主義も行政
権の恣意的課税から国民の財産を保護する原理として成立した。

　近代法治主義は，国民の生命，自由，財産を保障する政治原理とし
て成立しているが，租税法律主義はその重要な内容であるとともに，
イギリスにおけるマグナ・カルタ，権利請願，権利章典による国王の
課税権の制約にみられるように，近代法治主義の成立に重要な役割
を果たしてきた。租税法律主義の目的である国民の財産権保障の役割
は，法治主義が浸透している現在の社会では，あまり意識されなくな
っている。しかし，現在においても租税は国民の財産に対する負担で
あり，この負担を受忍することは，憲法の要請する国民の義務ではあ
るが，行政権の恣意は厳しく排除される必要があり，行政を規制する
意味での租税法律主義の重要性は失われてはいない。

　また，租税は国民に重い負担を課すものであるから，その負担が
公平であって初めて国民の納得を得ることができる。すなわち税法
においては，課税の公平が強く求められている。租税法律主義は，行
政権の恣意を排することから，この要請にも応えるものである。同時
に，租税法律主義により課税の内容が法律により明確にされているこ
とが，国民の経済生活に一定の法的安定性と予測可能性とを与えてお

り，現在では，この付随的機能が大きく意識されるようになっている。

1. 租税法律主義と憲法

　租税法律主義は，国民の負担する租税は国民の代表者で構成される議会で議決した法律によってのみ課すことができるとの考えであり，治者・被治者同一の理念に基づく極めて民主主義的原理である。

　日本国憲法は，第七章財政の章の第84条に「あらたに租税を課し，又は現行の租税を変更するには，法律又は法律の定める条件によることを必要とする。」と定め，租税法律主義を憲法の要請する原理としている。

　また，第三章国民の権利及び義務の章の第30条に「国民は，法律の定めるところにより，納税の義務を負ふ。」と定める。この規定は，国民の潜在的納税義務を定めるとともに，国に課税権が存在することを明らかにするものと解される。そして，国民は法律の定めにより納税の義務を負うので，この規定も租税法律主義を当然の前提とする定めと解される。

　明治憲法においても，租税法律主義が定められていた。しかし，明治憲法は，明治22年2月11日公布，明治23年11月29日に施行された。したがって，議会の創設される前の明治6年に制定された地租改正條例は太政官布告であり，明治20年の所得税法は勅令であって，政府が法を定めたものであり，議会の議決した法律ではなかった。

〈参　考〉

　　　大日本帝国憲法
　　　　　第21条　日本臣民ハ法律ノ定ムル所ニ従ヒ納税ノ義務ヲ有ス
　　　　　第62条　新ニ租税ヲ課シ及税率ヲ変更スルハ法律ヲ以テ之ヲ

定ムヘシ

（以下略）

2. 租税法律主義の内容

憲法84条が定める租税法律主義の内容は，次のとおり解釈されている。

(1) 課税要件の法定

誰に課税するかという納税義務者，何に課税するかという課税物件（物，行為または事実），課税物件の何を標準に課税するかという課税標準（金額または数量），税額を算出するための課税標準に適用される比率である税率等，納税義務が成立するための法律要件を課税要件という。

租税の賦課徴収に法律の根拠を要するという，租税法律主義の主たる意味は，課税要件を法律で定めるということであり，課税要件の法定は，行政権の恣意を排除する租税法律主義の最も基本的な内容である。

したがって，政府の行政立法である政令，省令では，原則として課税要件は決めてはならない。しかし，法律で委任した場合は一定の範囲で行政立法により課税要件を定めることができる。

行政立法により課税要件を定めることが許される理由は，法律だけで課税要件を詳細に規定することには無理があり，一定の範囲で行政立法に委ねるのが現実的であるためである。行政立法に委ねても国民の権利を害することが無い場合に限り許されるべきであるので，一般的・白紙的委任は許されない。

条約，条例により課税要件を定めるのは，国会の議決または

地方議会の議決を経るものであるので，課税要件の法定に反しない。

　なお，課税要件ではないが，賦課・徴収の手続についても法律または法律の委任による行政立法で定められなければならない。

〈参　考〉

　　課税要件の行政立法への委任の例

　　　所得税法第９条第１項　次に掲げる所得については，所得税を課さない。

　　　　　（中略）

　　　　　6号　給与所得を有する者がその使用者から受ける金銭以外の物（経済的な利益を含む。）でその職務の性質上欠くことのできないものとして政令で定めるもの

　　　所得税法施行令第21条　法第９条第１項第６号（非課税所得）に規定する政令で定めるものは，次に掲げるものとする。

　　　　　（中略）

　　　　　2号　給与所得を有する者でその職務の性質上制服を着用すべき者がその使用者から支給される制服その他の身回品

(2)　課税要件の明確性

　　課税要件が法律によって定められたとしても，その内容が不明確であれば行政庁の自由な解釈を許すこととなり，課税要件を法定した意味がなくなる。そのため，租税法規の定めは，できるだけ明確かつ一義的でなければならない。したがって，必要のあるとき○○税を課するというような，不確定な概念を内容とする

規定は無効である。しかし，多様な経済活動の中で税負担の公平を確保するためには，「法人税の負担を不当に減少させる結果となると認められるものがあるとき」（法人税法第132条）という規定のように，必ずしも明確でない概念を用いた規定が必要と認められる場合がある。この場合も法律の定めに該当するか否かは，法の趣旨，目的に照らして明確にできると考えられ，このような場合は，ある程度不確定な概念を用いることも許されると解される。

(3) 課税の合法性

　税法は，強行法規であり，租税の賦課徴収について権限を有する行政機関である税務行政庁は，課税要件が充足されていれば，課税しなければならない。その意味で税務行政庁の行う課税処分は，全て法規裁量の処分であり，自由裁量は認められない。法律に定めのない限り，租税を減免したり，徴収をしない自由はない。したがって，納税者と税務行政庁の間で和解をしたり，協定を結ぶことも許されない。

　租税を減免することは，納税者の利益になることであるので，権利の侵害にはならない。その場合にも税務行政庁の自由な裁量を認めないのは，特定の者に利益を与えることは，課税の公平を損うからである。税法においては課税の公平が租税正義である。これが実現されて初めて国民は税負担を納得することができる。租税法律主義は，法の定める税額を過不足無く課税することをその内容としており，それにより課税の公平を実現しようとするものである。課税の合法性は，その意味で租税法律主義の重要な内容である。

税務行政庁が誤った指導をしたような場合に、信義誠実の原則の適用が認められる場合があり、課税の合法性が制約を受けることがあり得るが、この原則の適用も極めて限定的にしか認められない。

(4) 手続的保障

租税の賦課徴収は公権力の行使であり、その手続は法律に基づく適正なものでなければならない。したがって、青色申告者に対する更正の理由付記、争訟手続の整備など、納税者の権利保護の制度が整えられている必要がある。

徴収手続については、それが現実に財産の捜索、差押など財産権を直接制約するものであるため、その手続は課税要件と同様、詳細に法律、政令、省令で規定されている。

〈参　考〉

平成5年11月12日に公布された行政手続法は、行政手続に関する一般法であり、行政庁が不利益処分をする場合は、聴聞・弁明の機会の付与等の手続を要する旨定めている。従来、租税の賦課・徴収に関する処分については、これらの規定の適用除外とされていたが、平成23年度の国税通則法の改正により、行政手続法第8条（理由の提示）および第14条（不利益処分の理由の提示）が適用されることとなった（国税通則法第74条の14）。

以上、租税法律主義により、課税要件は明確に法定され、課税の合法性により行政庁の納税者に有利となる裁量も許されないことから、行政権の恣意が働く余地は無いかのように考えられる。しかし、租税法規は、複雑多様で流動的な経済現象を対象としていることから、一定の範囲で行政立法に委ねたり、また、課税の公平のため不確定概

念を用いたりせざるを得ない。さらに，そのような法令の解釈，執行のため行政庁部内のみを拘束するものではあるが，多数の通達が定められており，現実には納税者はその通達をよりどころとする場合が多い。また，法令の適用の前提として事実の認定が必要である。事実認定については，訴訟となった場合裁判所の審理に付されるものであるが，課税処分に際して一次的に税務行政庁が事実認定を行うものであり，それが誤った場合は納税者の権利を侵害することとなる。

　以上の様な状況を顧みると，財産権の保護を目的とする租税法律主義は，税法の基本原理として常に想起されるべきである。

第二章　税法の法源

　法源とは法の存在形式であり，法源を明らかにすることは，どのようなものが国や国民そして裁判官を直接拘束するかを明らかにすることである。一般に法源としては，憲法，法律，命令（政令・省令），条例，条約等の成文法と判例，行政先例，慣習等の不文法があるといえる。しかし，税法においては，租税法律主義の原理から，不文法を法源と認める余地は極めて少ない。

　税法の法源とされるのは，次のものである。

1．憲　　法

　日本国憲法第30条，第84条の規定は直接租税に関して定めており，税法の法源である。その他に法の下の平等を定める第14条，生存権を保障する第25条等が課税に関して問題とされる場合がある。

　憲法に反する税法は無効であるが，最高裁判所は，税法の違憲審査について立法府の裁量を尊重する態度をとっている（最高裁昭和60年3月27日大法廷判決　民集39巻2号247頁）。

2．法　　律

　法律は国会の議決を経て制定される法であり，租税法律主義の原理から，税法において最も重要な法源である。

　現行の主な法律としては，次のようなものがある。

　国税に関する一般的事項を定める法律として，国税についての基本

的な事項および共通的な事項を定める国税通則法，国税の徴収手続について定める国税徴収法がある。

各税の課税要件および税額確定・納付手続等を定める法律として，所得税法，相続税法，法人税法，消費税法，酒税法，揮発油税法等々がある。

地方税の課税の基準等を定める法律として，地方税法がある。

関税については，関税法，関税定率法，関税暫定措置法等が定められている。

3. 命　令

命令は，国の行政機関により制定される法であり，政令・省令がこれに当たる。税法は，租税法律主義により法律で定めることを要するが，複雑で流動的な経済事象を対象に課税要件等を明確に規定するためには，一定の範囲で命令に委ねる必要がある。現在，基本的事項は法律が定め，具体的・細目的事項は命令に委任する場合が多い。法律の委任に基づく命令を委任命令という。委任命令の他に法律を執行するための命令があり，これを執行命令という。

現行の命令としては，各法律についてその施行令（政令），施行規則（省令）が制定されており，施行令，施行規則以外にも多くの事項について命令が定められている。

また，一定の個別的な事項について，法律・命令が財務大臣の指定に委ねる場合がある。この指定は，告示の形式で行われる。これは，課税要件についての法令の規定を補充するものであり，税法の法源である。

〈参　考〉
　　1.　命令の例
　　　　国税通則法施行令，国税通則法施行規則，所得税法施行令，所得
　　　　税法施行規則，減価償却資産の耐用年数等に関する省令等
　　2.　執行命令の例
　　　　国税質問検査章規則（昭和40年8月13日大蔵省令第49号）
　　3.　告示の例
　　　　寄付金控除の対象となる寄付金又は法人の各事業年度の所得の金
　　　　額の計算上損金の額に算入する寄付金を指定する件（昭和40年4
　　　　月30日大蔵省告示第154号）

4.　条例・規則

　条例は地方公共団体の議会が制定する法であり，規則は地方公共団
体の長が制定する法である。地方税については，地方税法が地方団体
の課税権を定めるとともに，その基準を定めている。そして，地方税
法第3条第1項は「地方団体は，その地方税の税目，課税客体，課税
標準，税率その他賦課徴収について定をするには，当該地方団体の条
例によらなければならない。」と定め，同条第2項は「地方団体の長
は，前項の条例の実施のための手続その他その施行について必要な事
項を規則で定めることができる。」と定めている。租税法律主義は，
地方税について租税条例主義と言い換えられるべきものである。した
がって，地方税については，条例が主たる法源であるが，国税につい
て命令が税法の法源であったのと同様の理由で，規則も地方税の法源
である。

〈参　考〉
　　1.　各地方公共団体において税条例，税規則が定められている。

2.　地方税法は，都道府県または市町村を地方団体という。

5.　条　　約

　近年，経済取引は極めて多様かつ国際的に行われ，外国人や外国企業が日本で事業を行い所得を発生させたり，日本企業が外国で事業を行いその所得に課税されることが通常となっている。このような場合双方の国で課税され国際的な二重課税が生じるおそれがある。これを調整するため早くから国際的二重課税を防止するための二国間条約が締結されてきた。

　このような条約を租税条約という。租税条約は締約国双方の国民・居住者の納税義務について規定しており，税法の法源として重要である。法律と異なる定めがある場合は，条約優位の一般的な考え方により条約の定めが適用される。

〈参　考〉

　　　租税条約の例

　　　所得に対する租税に関する二重課税の回避及び脱税の防止のための
　　　日本国政府とアメリカ合衆国政府との間の条約（平成16年3月30日
　　　条約第2号）

6.　判　　例

　裁判所の判決それ自体は，個別の具体的事件に限り拘束力を有するもので，一般的な拘束力はなく，法源とはならない。しかし，同様の解釈による判決が積み重ねられ，その解釈が今後も変更されないと一般的に認められる判例は，法的拘束力が認められ税法の法源となる。

7．そ の 他

　一般に法源として認められるものは，以上の他，行政先例，慣習法，条理がある。しかし，税法における租税法律主義は，主として法律により詳細な規定を設けることを要請しており，実際に命令への委任も含め最大限その実現を図ってきている。そのため，不文法源である行政先例，慣習法，条理を法源として認める余地は極めて少ない。

　他方，法源として認められない通達が，現実の社会において納税者の行動指針として重要な機能を果たしている。通達とは，行政組織の長が所管の職員に対して法令の解釈と運用方針を示す行政部内の命令または示達である。法的には裁判官はもちろん，国民に対しても拘束力を有しない。通達により行政の統一を図ることは，公平な課税を行うために，不可欠である。また，納税者が税務行政庁の解釈・方針を知り得る点で，便利であるが，租税法律主義の観点から，納税者への影響の大きい事項については，通達によるのではなく，法令に定めるのが本来の姿であろう。

〈参　考〉

　　1．通達は多数あり，主要税法については，逐条に解釈・取扱を定めた基本通達が定められている。基本通達の他にも，多数の個別通達がある。これらは，一般に公表されている。

　　　　通達の例

　　　　　所得税基本通達　（昭和45年7月1日直審（所）30（例規））

　　　　　個　別　通　達　音楽著作権の使用料に対する所得税法第42条（現行第204条）第一項の規定の適用について（昭和25年10月12日直所2―69）

　　2．税法の効力

　　　　地域的効力　税法は国又は地方団体の権限の及ぶ全地域に効力を

　　　　　　有す。

人 的 効 力　税法はその効力の及ぶ地域内にある全ての人に適用
　　　　　　される。

時間的効力　税法は施行によって効力を生じる。税法の遡及立法
　　　　　　は，予測可能性を損なうので好ましくないが，国会が
　　　　　　定めるのであるから，憲法第84条が禁止しているとは
　　　　　　解せない。

第三章　税法の解釈と適用

　租税法律主義は課税要件を明確に定めることを要請していることから考えても，税法の解釈は，できるかぎり文理解釈によるべきである。しかし，特に租税実体法は，極めて活発で，多様かつ流動的で変化に富む経済活動の中で，特定の事実を課税要件として捉え，そこに納税義務を成立させるものである。一方で，経済活動を行う者は，納税義務が成立しないように行動する傾向は否定できず，このような行動を含め，公平な課税を満足させるあらゆる事実を法令に定めることは，不可能である。このため，文理解釈のみでは対応できない事態が発生する。この場合には，税法においても一般の法解釈の方法により解釈すべきであろう。すなわち，目的論的解釈，拡張解釈，縮小解釈，類推解釈等の論理解釈により解釈すべきであるが，租税法律主義の課税要件明確性の要請と課税の合法性の要請から，慎重な論理解釈が必要であるといえよう。

　税法の解釈と適用に当たって問題となるのは，次のような点である。

1.　借用概念
　税法が対象とするのは主として私的な経済活動であり，そこで形成された法律関係を基礎として課税要件等を定める例が多い。したがって，税法においては私的な経済活動に適用されている民法，商法等の私法上の概念が用いられる。これを借用概念という。

強行法規である税法に任意法規である私法上の概念が規定された場合，その概念は，税法上も私法上と同じ意義を有するか否かが問題となる。例えば配偶者という概念について，主として課税の公平の点から配偶者に内縁の妻を含める等，税法上独自の意義を有すると解すべきか否かの問題である。これについては，法秩序全体の安定の観点から，同じ言葉で表される概念が異なる意義を有することは望ましくないので，明文の規定または規定の趣旨から別意に解することが明らかである場合を除き，私法上の意義と同じに解するとするのが判例，通説である。したがって，配偶者には，内縁関係にあるものを含まず，住所，不動産，配当等についても民法，会社法におけると同じ意義と解される。

2．実質課税の原則

　税法を適用して課税するに当たっては，課税要件に該当する事実があるか否かを認定する必要がある。その事実認定について，税法では形式でなく実質に基づいて行うことが必要であり，これを実質課税の原則という。所得税法第12条は「資産又は事業から生ずる収益の法律上帰属するとみられる者が単なる名義人であって，その収益を享受せず，その者以外の者がその収益を享受する場合には，その収益は，これを享受する者に帰属するものとして，この法律の規定を適用する。」と定めている。すなわち，所得の名義人が他人となっている場合のように，外観上ないし形式的には課税要件に該当しないように見える場合であっても，実質的に見れば課税要件を充たしている場合には，実質に従って税法を適用し課税するのである。実質課税の原則は，所得税法第12条のように明文の規定が設けられている場合もあるが，これ

らの規定は確認的に定められているものであって，明文の規定が無い場合であっても，税法の適用に当たって一般的に認められている。これは，形式によって隠されている真実の法律関係に基づき事実を認定するものであり，当然のことではあるが，課税の公平の観点から税法の適用に当たっての重要な原則である。一方，実質の認定に当たっては税務行政庁の判断が重要となる分野であり，厳正な執行が必要とされている。

3. 租税回避

　税法が対象とする私的な経済活動においては，契約自由の私法秩序が支配している。これを利用して，通常であれば課税要件に該当する事実を，同じ経済的成果を実現しながら，課税要件に該当しない事実を形成することがある。これを租税回避という。租税を免れる以外に意味のない法律関係を形成している場合，これをあるべき法律関係に置き直して課税すべきか否かの問題である。これも課税の公平の観点から，課税できると解する考え方もあるが，法律の根拠の無い限り課税できないと解するのが一般である。実質課税の原則によっても課税できない場合は，法律の根拠のない限り課税できないと解すべきであろう。法人税法第132条（同族会社等の行為又は計算の否認）は，租税回避に対する課税の根拠となる規定であり，同様の規定が所得税法第157条にも設けられている。

〈参　考〉

　　　法人税法第132条　税務署長は，次に掲げる法人に係る法人税につき更正又は決定をする場合において，その法人の行為又は計算で，これを容認した場合には法人税の負担を不当に減少させる

結果となると認められるものがあるときは，その行為又は計算にかかわらず，税務署長の認めるところにより，その法人に係る法人税の課税標準若しくは欠損金額又は法人税の額を計算することができる。

一　内国法人である同族会社

　　　（以下略）

4. 信義誠実の原則

　民法第1条第2項は，「権利の行使及び義務の履行は，信義に従い誠実に行わなければならない。」と定めている。これは，信義誠実の原則と呼ばれ，相手に信頼を与えた者は，その信頼に反する主張をすることができないとするものである。税務行政庁が課税されないとの誤った信頼を与えた場合，後に正しい課税をすることができるか否かの問題である。租税法律主義により，課税の合法性が強く要請されている中で，契約自由の私法上で主として機能する信義誠実の原則を適用し，法律の根拠なく租税を課さないことには，慎重であるべきであろう。しかし，信義誠実の原則は，あらゆる分野の法に当てはまる条理と考えられ，税法においても税務行政庁が信頼の対象となる公的見解を表示した場合等には，信義誠実の原則の適用が認められる余地がある。

〈参　考〉

　最高裁昭和62年10月30日第三小法廷判決　判例時報1262号91頁

　「租税法規に適合する課税処分について，法の一般原理である信義則の法理の適用により，右課税処分を違法なものとして取り消すことができる場合があるとしても，法律による行政の原理なかんずく租税法律主義の原則が貫かれるべき租税法律関係においては，右法理の適

用については慎重でなければならず，租税法規の適用における納税者間の平等，公平という要請を犠牲にしてもなお当該課税処分に係る課税を免れしめて納税者の信頼を保護しなければ正義に反するといえるような特別の事情が存する場合に，初めて右法理の適用の是非を考えるべきものである。そして，右特別の事情が存するかどうかの判断に当たっては，少なくとも，税務官庁が納税者に対し信頼の対象となる公的見解を表示したことにより，納税者がその表示を信頼しその信頼に基づいて行動したところ，のちに右表示に反する課税処分が行われ，そのために納税者が経済的不利益を受けることになったものであるかどうか，また，納税者が税務官庁の右表示を信頼しその信頼に基づいて行動したことについて納税者の責めに帰すべき事由がないかどうかという点の考慮は不可欠のものであるといわなければならない。」

第四章　納　税　義　務

　国税通則法によると納税義務とは，国税を納付する義務である。一定の行為（給付）をすることを内容とする義務は債務とよばれるので，納税義務は債務である。また，国税は金額で表され，金銭で納付されるので，納税義務は国に対する金銭債務である。したがって，納税義務者と国の間には，租税債権債務関係があるといえる。私法上の債権債務関係は，対等当事者間の自由な契約もしくは一方の不法行為等の自己の意思又は責任に基づき発生する。しかし，租税債権債務関係は，法律により国を債権者とし納税義務者を債務者とする関係を生じさせるのであり，この関係は国の特定の地位を前提とする公法上の関係と考えられる。したがって，納税義務が成立し，税額を確定させ，納税義務を消滅させる間の納税義務者と国との租税法律関係は，行政法理論で説かれる公法関係であるといえる。

　納税義務は，所得税法を初めとする各税法に定める課税要件を充足することにより成立し，成立後一定の手続（行為）により納付すべき税額を確定するのが原則である。金額の確定した債務は納税義務者の自主的な納付あるいは強制的な差押財産の換価等により消滅する。納税義務の成立・税額確定・消滅の法律関係は各税に共通するものであり，国税については国税通則法および国税徴収法にその通則が規定されている。

1. 納税義務の成立

　納税義務は，納税者の法律行為によって成立するのではなく，また行政庁の行政行為（処分）によって成立するのでもなく，法律に定める課税要件を充足することにより成立するものと現行法上構成されている。しかし，課税要件を充足することにより成立した納税義務は，まだ国が納付を求めることができる債権になっていない。

　国税通則法第15条第1項は，納税義務が成立する場合には，国税に関する法律の定める手続により，その国税についての納付すべき税額が確定されるものとすると定めている。この規定は，課税要件を充足することにより法律上当然に納税義務が成立することを前提としていると解される。

　また，同条第2項は，各税の納税義務の成立時期を定めている。例えば，申告所得税は暦年の終了の時，法人税は事業年度の終了の時，消費税は課税資産の譲渡等をした時等である。

　しかし，この時点では，税額は明らかでない。各税の税額が計算できていないため納税義務者がその税額を知り得ないということのみではない。客観的にも，例えば所得税の申告時点で特別控除の適用を受けるか否か等により，法人税については後の確定決算等により，消費税についてはその課税期間全体の仕入状況等，納税義務の成立後の事情により税額が決定されるからである。成立の段階の納税義務を抽象的納税義務とし，税額確定後の納税義務を具体的納税義務とするのが通説である。しかし，これは正しい認識とはいえない。成立した納税義務とは抽象的なものではなく，現実の金銭債務であり，ただ金額が未確定なだけである。したがって，この金額未確定租税債務は相続人に承継され，税額確定前に財産を保全する繰上保全差押の根拠になり

得るのである。ただし，金額が不明であるため，その段階で国が税金の納付を求めることはできず，納税義務者が何らかの税金を納付したとしても納付の効果はない。

　租税法律主義により，課税要件が明確に詳細に法定されたとしても，それによって法律上当然に税額の確定した金銭債権が成立する仕組みをつくるのは，特定の税を除き，一般的には不可能といえよう。したがって，金額未確定の租税債務を金額の明確な租税債務とするには，納税義務者または税務行政庁の人の行為が必要となる。国税通則法第15条はその旨を定めるものである。

〈参　考〉

　　1.　国税通則法第15条　国税を納付する義務（源泉徴収による国税については，これを徴収して国に納付する義務。以下「納税義務」という。）が成立する場合には，その成立と同時に特別の手続を要しないで納付すべき税額が確定する国税を除き，国税に関する法律の定める手続により，その国税についての納付すべき税額が確定されるものとする。

　　　　　（第2項以下略）

　　2.　税額確定のため特別の手続を要しない国税には，予定納税に係る所得税，源泉徴収による国税，自動車重量税，印紙税，延滞税等がある。

2.　税額の確定

　所得税法，法人税法，消費税法等各税法に定める課税要件を充足することにより，納税義務は成立するがその税額は不明である。それを国と納税義務者との間の税額の確定した金銭債権とするには，一定の手続（人の行為）を必要とする。その税額確定の手続には二つの方法

がある。

  (1) 申告納税方式

    納付すべき税額が，納税者のする申告により確定することを原則とする方式である。

    申告納税方式は，アメリカにおいて行われていた方式であるが，納税者が自ら課税標準および税額を確定するため民主的であり，また，行政上の便宜もあって，わが国においても戦後の昭和22年に直接国税について導入され，現在ほとんどの国税について採用されている。

    所得税，法人税，消費税等の申告納税方式の国税については，納税義務者が所得税法，法人税法，消費税法等に定める課税要件に適合する事実を把握し，法律を適用し，税額を算出し，税額および税額算出に係る事項を記載した納税申告書を法定申告期限までに税務署長に提出しなければならない。この申告という行為によって，金銭債務たる租税債務の金額が定められる。すなわち，申告行為は国と納税義務者との間の租税債権債務の金額すなわち税額を定めるための法律要件であり，行政法学上の私人の公法行為である。

    申告は，税額を確定するために申告者の判断を要することから，意思表示を内容とする法律行為と解される。したがって，原則として民法の意思表示の規定が適用される。

    申告納税方式では，税額を確定させるに当たり，税務行政庁の積極的意思表示は必要とされていない。そして，「納付すべき税額が確定される」という場合の確定は，その税額が以後変更されないという意味ではない。申告による税額は，後の調査に基づく

税務署長の処分により，増額または減額され得るからである。金額の確定という意味では，申告された税額は，以後税務署長の処分により変更されずに変更の除斥期間を経過したとき，最終的に確定すると解される。

国税通則法第15条に定める「確定」は，税額未確定であった租税債権債務の税額を定め，納付金額が明らかな金銭債権として請求し，納付し得る租税債権債務にすることと解される。

(2) 賦課課税方式

納付すべき税額がもっぱら税務署長または税関長の処分により確定する方式である。

賦課課税方式は，昭和22年の税制改正前は，わが国での一般的な方式であった。課税要件に該当する事実を行政庁が認定し，それに基づく行政庁の意思表示によって租税債権債務関係が発生するとの考え方である。国と納税義務者との間に租税債権債務関係を発生させる法律要件を，処分すなわち行政法学上の行政行為とするものであり，権力関係における法律関係は，通常行政行為により成立するとの行政法学における伝統的な考え方に沿うものであった。現在は税務署長の処分は，国税通則法第15条の規定により，成立した納税義務の税額を確定するものと位置付けられる。

賦課課税方式による国税についても，納税義務者から課税標準申告書の提出があり，記載された課税標準が税務署長の調査したところと同じであれば，納付すべき税額を決定し，それ以外の場合は課税標準と納付すべき税額を決定する。これを賦課決定という。そして，前者の場合は納税義務者に納税告知書を送達し，後者の場合は，賦課決定通知書を送達する。

賦課決定により確定した税額についても，後の調査により増額または減額され得る。この方式による国税は加算税等限られたものである。地方税では法人の道府県民税，市町村民税，法人の事業税，たばこ税が申告納税方式であるが，個人の道府県民税，市町村民税，個人の事業税，固定資産税等は賦課課税方式であり，賦課課税方式がむしろ原則的な方法となっている。

〈参　考〉

　　　1. 国税通則法第16条　国税についての納付すべき税額の確定の手続については，次の各号に掲げるいずれかの方式によるものとし，これらの方式の内容は，当該各号に掲げるところによる。

　　　　　一　申告納税方式　納付すべき税額が納税者のする申告により確定することを原則とし，その申告がない場合又はその申告に係る税額の計算が国税に関する法律の規定に従っていなかった場合その他当該税額が税務署長又は税関長の調査したところと異なる場合に限り，税務署長又は税関長の処分により確定する方式をいう。

　　　　　二　賦課課税方式　納付すべき税額がもっぱら税務署長又は税関長の処分により確定する方式をいう。

　　　　　　　（第2項略）

　　　2. 私人の公法行為としての納税申告は，意思表示と解せられるが，判例は錯誤により過大な税額を申告した事例について，申告は無効でなく，納税義務者は更正の請求の手続により減額を求めることとなるとした（最高裁昭和39年10月22日第一小法廷判決　民集18巻8号1762頁）。

3. 税額の変更

　申告納税方式による国税については，納税義務者の申告した税額で一次的に税額が確定するのであるが，その税額が法律の定めるとおりの正しいものであるとは限らない。法律の解釈，事実の認定，計算過程等で誤りの可能性がある上，意図的に過少な申告をする場合もある。もし，不適正な申告もしくは無申告が是正されないとすれば，課税の公平は実現されない。したがって，申告納税方式をとる場合にも，税務行政庁には，申告もしくは無申告に誤りがあると認めるとき，これを是正するための一般的な権限が与えられている。この権限に基づき税務署長が税額を変更し，または新たな課税をする処分が更正または決定である。

　また，納税義務者が誤りに気づいたときは，納税義務者から是正することもできる。これが期限後申告，修正申告である。

(1) 更正と決定

　　国税通則法第24条は，「税務署長は，納税申告書の提出があった場合において，その納税申告書に記載された課税標準等又は税額等の計算が国税に関する法律の規定に従っていなかったとき，その他当該課税標準等又は税額等がその調査したところと異なるときは，その調査により，当該申告書に係る課税標準等又は税額等を更正する。」と定めている。また，同法第25条は，「税務署長は，納税申告書を提出する義務があると認められる者が当該申告書を提出しなかった場合には，その調査により，当該申告書に係る課税標準等及び税額等を決定する。」と定めている。税務署長は，国税に係る法律関係においては，行政官庁すなわち国の意思を決定し外部に表示する権限を有する行政機関であり，更正・決

定を行うのは税務署長たる人である。

　更正・決定は，税額を変更または確定するために税務署長の判断を要することから，意思表示を内容とする法律行為である。そして，税務署長の決めた増減額または決定額が，申告税額を増減し，または税額を確定させることとなる。

　更正・決定は行政法学で説かれる行政行為である。したがって，重大かつ明白な瑕疵があり，そのため無効と認められる場合の他は，税務署長が自ら取り消すか争訟手続において取り消されない限り，法律行為として有効である。したがって，その相手方はもちろん裁判所・行政庁その他の第三者もこれを否定することはできない。

　また，更正・決定の取消を求めるためには，国税通則法に定める不服審査手続によらねばならず，それに続く訴訟においても行政事件訴訟法に定める手続によることになる。

　更正・決定の後に，税務署長がその税額等の過少または過大であることを知ったときは，その調査により更正する。これを再更正と呼んでいる。再更正は繰り返し行うことができる。

　更正は，更正通知書を送達して行う。更正通知書には，更正前の課税標準等および税額等，更正後の課税標準等および税額等，増加または減少する税額もしくは還付金の額を記載しなければならない。

　決定は，決定通知書を送達して行う。決定通知書には，決定に係る課税標準等および税額等を記載しなければならない。

　青色申告書に係る更正は，原則として納税義務者の帳簿書類を調査し，その調査により所得金額または純損失の金額の計算に

誤りがあると認められる場合に限り，行うことができる。その場合，更正通知書に更正の理由を附記しなければならない。

　白色申告書に係る更正については，必ずしも納税義務者の帳簿書類の調査を必要としないが，不利益に更正する場合には理由を示す必要がある。国税通則法第24条に定める，税務署長が調査により更正するという場合の調査は，必ずしも納税義務者の帳簿書類の調査を意味しない。

　決定は，決定に係る租税債権の税額を確定する効果を有する。更正は，更正により増加した税額の租税債権を発生させ，更正により減額した税額の租税債権を消滅させる。新たな処分ではあるが，それまでの債権を全体として取り消し，増額または減額した新たな債権を発生させるものではない。

　更正・決定については，除斥期間が定められており，一定の期間経過後は，行うことができない。

　更正・決定により増加した税額について，その原因に応じて過少申告加算税（原則10％），重加算税（原則35％），無申告加算税（原則15％）が課される。加算税は，適正な申告を確保するための付加的負担を課す税であり，罰ではないので故意・過失を成立の要件としない。

〈参　考〉

　　1．青色申告制度　　所得税，法人税について納税申告に青色の申告書を提出するものとして始められた。青色申告は税務署長への申請により認められる。青色申告には，特典が認められており，一方，納税義務者は，一定の帳簿書類を備え付け，取引を記録し，保存する義務がある。正しい記帳に基づく適正な申

告を推進するために，シャウプ勧告に基づき昭和25年に設けられた制度である。

　所得税については，平成13年分から青色の用紙を使わず，青色か否かを表示することとされた。

2. 更正・決定の期間制限

　更正・決定　　原則として法定申告期限から5年

　偽りその他不正の行為により免れた国税の更正・決定

　　　　　　　　法定申告期限から7年

　更正の請求に係る更正等

　　　　　　　　除籍期間満了日前6月以内にされた更正の請求に係る更正は，更正の請求の日から6月

　なお，賦課決定についても同様の期間制限がある。

(2) 修正申告・期限後申告・更正の請求

　法定申告期限までに行われた申告を期限内申告という。期限内申告を行わなかった納税義務者も，決定があるまでは申告をすることができる。これを期限後申告という。法定申告期限から1月を経過後に行われた期限後申告に係る税額には，無申告加算税が課される。

　申告書を提出した後に，または更正・決定の後に，税額が過少であること，純損失の金額が過大であること，還付金の額に相当する税額が過大であること等に気づいた納税義務者は，修正申告を行うことができる。修正申告が更正があることを予知してされたときは，過少申告加算税または重加算税が課される。

　期限後申告も期限内申告と同様，租税債権の税額を確定させる効果を有する。修正申告は，増加した税額についての租税債権を発生させるのであり，それまでの債権を取り消して増額した新た

な債権を発生させるのではない。

　　以上のように，税額を増加させ，または還付金を減少させるような，納税義務者の負担を増加させる変更は，納税義務者が自由に行うことができる。しかし，税額を減少させ，または還付金を増加させる等，納税義務者が有利となる変更は，納税義務者が自由に行うことはできない。このような場合，納税義務者は税務署長に税額等につき自己に有利となる更正をするように請求することとされている。これを更正の請求という。すなわち，納税義務者は，課税標準等または税額等の計算が法律の規定に従っていなかったこと，または計算に誤りがあったことにより，税額を過大に申告した場合には，原則として法定申告期限から5年以内に，税務署長に対して課税標準等または税額等について更正をすべき旨を請求することができる（国税通則法第23条）。更正の請求をしようとする者は，更正の請求をする理由，請求をするに至った事情の詳細等を記載した更正請求書を税務署長に提出しなければならない。そして，申告が有効であるかぎり，納税義務者が有利となる救済方法としては，これ以外の方法は認められていない。

　　ただし，税額計算の基礎となった事実について，それと異なる判決が確定した場合のように，特定の後発的事由が生じたときは，5年経過後も判決から2月以内等特別の期間が定められている。

(3)　質問検査権

　　更正・決定・賦課決定を行うためには，税務行政庁は課税要件に該当する事実の有無を把握する必要があり，そのため税務職員に質問検査権を与えている。これは，従来，所得税法，法人税

法，消費税法等の各税法に定められていたが，平成23年の改正で国税通則法に統一的に規定された。

国税通則法第74条の2は，所得税，法人税，消費税の調査について，国税庁，国税局，税務署の当該職員は，所得税，法人税，消費税の調査について必要があるときは，次に掲げる調査の区分に応じ，当該各号に掲げる者に質問し，その者の事業に関する帳簿書類その他の物件を検査し，または当該物件の提示もしくは提出を求めることができると定める。また，当該職員は，必要があるときは，提出された物件を留め置くことができることとされた（国税通則法第74条の7）。

所得税に関する調査について，各号には所得税の納税義務がある者，納税義務があると認められる者，これらの者と取引関係があったもしくはあると認められる者，所得税法に定める調書等の提出義務がある者が挙げられている。この質問検査の権限は，相手が検査を拒否した場合でも検査できる強制調査ではないが，質問に対する不答弁，偽りの答弁，検査の拒否・妨害・忌避，物件の不提示・不提出に対しては，1年以下の懲役または50万円以下の罰金が定められているので（国税通則法第127条），相手の任意の同意を前提とする任意調査とは異なる。このことから，平成23年度の改正において，調査対象者に対する原則的な事前通知と，調査結果の書面通知（更正決定等をしない場合）または説明（更正決定等が必要な場合）が法定された（国税通則法第74条の9，第74条の11）。説明する場合，当該職員は当該納税義務者に修正申告または期限後申告を勧奨することができる（国税通則法第74条の11第3項）。

この質問検査の権限は，犯罪捜査のために認められたものではなく，行政上の調査のために認められたものであるので，憲法第35条に定める司法官憲の令状を必要とせず，憲法38条も適用されないので不利益な供述も答弁する必要がある。一方，調査に従事する税務職員には，厳重な守秘義務が課されている（国税通則法第126条）。

　課税の公平の要請に応えるためには，質問検査権の行使は不可欠のものであり，税務行政庁の最も重要な作用であるが，広範で強い権限であるだけに毅然とかつ紳士的に行使される必要がある。

(4)　推計課税

　税務署長は調査に基づき更正・決定を行うが，その際課税標準を明確に示す資料が無い場合でも，課税標準を合理的に推計して更正・決定をすることができる。これは，現実には納税義務者自身が課税標準を把握していない場合があったり，納税義務者の非協力により帳簿書類等の検査ができない場合があるので，課税の公平のために認められているものである。法律の規定がなくても，課税要件たる事実を推認することは許されると解されているが，所得税法，法人税法には，推計課税の規定が設けられている。

〈**参　考**〉

　　　所得税法第156条　税務署長は，居住者に係る所得税につき更正
　　　　　又は決定をする場合には，その者の財産若しくは債務の増
　　　　　減の状況，収入若しくは支出の状況又は生産量，販売量そ
　　　　　の他の取扱量，従業員数その他事業の規模によりその者の

各年分の各種所得の金額又は損失の金額（その者の提出した青色申告書に係る年分の不動産所得の金額，事業所得の金額及び山林所得の金額並びにこれらの金額の計算上生じた損失の金額を除く。）を推計して，これをすることができる。

第五章　納税義務の消滅

　納税義務すなわち租税債務は，納付すなわち履行によって消滅する。納税義務者等による自主的な納付がない場合，税務行政庁は滞納処分によって強制的に徴収し，全額が徴収されて納税義務は消滅する。その他，課税処分の取消，還付金の充当，災害等の場合の免除，滞納処分の停止期間の満了，消滅時効の完成（法定納期限から5年）によっても納税義務は消滅する。現実にはほとんどが自主的に納付されているが，滞納となる税額が存在するのも現実である。課税の公平は，現実に税が納付されて初めて実現するものである。このため，遅延利息に相当する延滞税（原則として年14.6%を上限として特例基準割合＋7.3%を乗じた額）が設けられており，早期納付を促している。滞納処分においては，税務行政庁に自力執行の権限が認められるとともに，私債権に対する租税債権の一般的優先が定められている。国税の滞納処分については，国税徴収法がその手続を定めている。国税徴収法第1条は，この法律が，私法秩序との調整を図りつつ，納税義務の適正な実現を通じて国税収入を確保することを目的とする旨定めている。

〈参　考〉

　　特例基準割合とは，銀行の短期貸出約定金利に基づき財務大臣が告示した割合＋1%（令和6年は1.4%）をいう。

1. 納付と納期限

　国税の納付は，原則として金銭により納付されるが，印紙税のように印紙を貼り付ける方法により納付される場合もある。相続税は物納が認められる。また，国税の納付は第三者が行うこともできる。

　納付すべき期限は，所得税法，法人税法等の個別の法律が定めており，これを法定納期限という。法定納期限までに納付されないときは，その翌日が延滞税の起算日になる。

　法定納期限とは別にその日までに納付されないと督促，滞納処分等の手続を開始し得る期限があり，これを具体的納期限という。通常，法定納期限と具体的納期限は一致するが，期限後申告，修正申告，更正，決定等により，法定納期限の後に税額が確定した時等に異なることになる。

　所得税，法人税，消費税等申告納税方式による国税については，一般に法定申告期限と法定納期限は同じである。所得税は翌年3月15日，法人税は事業年度終了の日の翌日から2月，消費税は課税期間の末日の翌日から2月が，法定申告期限であり法定納期限である。特別の手続を要しないで税額が確定する源泉徴収による所得税は徴収の日の翌月10日が法定納期限である。

　期限後申告または修正申告に係る国税の具体的納期限は，これらの申告の日であり，更正または決定に係る国税の具体的納期限は，更正通知書または決定通知書が発せられた日の翌日から1月を経過する日である。

　加算税または成立と同時に確定する国税でその法定納期限までに納付されなかったものの具体的納期限は，賦課決定通知書または納税告知書を発した日の翌日から1月を経過する日である。

2. 滞納処分

　国税が納期限までに完納されないことを，国税の滞納といい，滞納している者を滞納者という。国税通則法第37条は，国税が納期限までに完納されない場合，税務署長は50日以内に督促状により納付を督促しなければならないと定めている。滞納は債務の不履行であり，督促は履行の催告である。督促は消滅時効中断の効力をもつとともに，督促をしても完納されない国税について行われる滞納処分の前提要件である。

　私法上の債権の場合，債権の強制的実現を図るためには，通常，裁判所での裁判により債務名義を得て，それに基づき司法機関によって債務者の財産の差押，競売等の強制執行を行うことになる。しかし，租税債権については，税務行政庁が自力で強制的実現を図ることができる。この権限は，大量に反復して発生する租税債権を確実かつ迅速に実現し，課税の公平と歳入の確保を図るために認められている。滞納者の財産を差し押さえ，換価し，配当し，租税債権に充当することにより，租税債権を強制的に実現する手続を滞納処分という。滞納処分を行うため，担当する徴収職員は財産調査のための質問検査の権限，滞納者や第三者の物または住所その他の場所の捜索を行う権限を有している。行政上の手続であるので憲法第35条，憲法第38条に定める司法官憲の令状を必要とせず，不利益な供述も答弁する必要がある。

〈参　考〉

　　滞納者

　　　滞納者とは，納税者でその納付すべき国税を納付の期限（具体的納期限）までに納付しないものをいう（国税徴収法第2条第9号）。この場合の納税者には，国税通則法の納税者から除かれていた国税の保

証人および第二次納税義務者が含まれる（国税徴収法第2条第5号）。第二次納税義務者とは，納税者と特別の関係があることにより，国税徴収法の規定に基づき国税を納付する義務が生じた者である。

(1) 差　押

差押とは，一般に金銭債権の強制執行の第一段階として，執行機関が，まず債務者の財産（物または権利）の事実上または法律上の処分を禁止し，これを確保する強制行為をいう。国税徴収法の差押も同じであり，滞納者の差し押さえられた財産の法律上または事実上の処分禁止の効力を有する。

督促状を発した日から10日を経過した日までに完納しないときは，徴収職員は滞納者の財産を差し押さえなければならないと定められている（国税徴収法第47条）。しかし，10日経過後直ちに差し押さえる例は，現実には多くない。差押の方法は，次のとおりである。

動産または有価証券　徴収職員がその財産を占有して行う。

債　　　　　　権　第三債務者に債権差押通知書を送達して行う。

不　動　産　等　滞納者に差押書を送達して行う。同時に差押の登記（関係機関に嘱託）を行う。

無　体　財　産　権　滞納者に差押書を送達して行う。権利の移転に登記を要するものは，差押の登記（関係機関に嘱託）を行う。

徴収職員が金銭を差し押さえたときは，差押に係る国税を徴収したものとみなされる。また，徴収職員は，差し押さえた有価証券に係る金銭債権や債権の取立てを行うことができる。金銭を取

り立てたときは，その限度で差押に係る国税を徴収したものとみなされる。

差押については，一定の給与，生活に必要な衣服・家具等を差押禁止財産とし，超過差押，無益な差押を禁止し，差押財産の選択に当たって第三者の権利を尊重することとされている。滞納者の人権を守り，私法秩序との調和を図るために必要な措置である。

差押は行政行為としての処分であり，差押処分の取消を求めるには，不服審査および行政事件訴訟の手続によらなければならない。

また，差押は，課税処分とは別個の処分であるので，課税処分の瑕疵を差押処分の取消の理由として主張することはできない。

(2) 交付要求・参加差押

滞納者の財産について，すでに他の強制換価手続が行われた場合には，その執行機関に対して交付要求が行われる。交付要求は，民事執行上の配当要求と同じ性質のものであり，交付要求書を執行機関に交付することにより行う。その強制換価手続が滞納処分であるときは，交付要求書に代えて参加差押書を滞納処分をした行政機関に交付して行う。この交付要求を参加差押という。

〈参　考〉

　　強制換価手続　公権力により債務の履行を実現する手続であり，国税徴収法は，滞納処分（その例による処分を含む。），強制執行，担保権の実行としての競売，企業担保権の実行手続および破産手続をいうと定めている（国税徴収法第2条）。

(3) 換価・配当

金銭，債権，債権の取立てをする有価証券以外の差押財産は，

換価されなければならない。換価は，通常入札またはせり売りの方法による公売による。差押財産の売却代金，有価証券，債権，無体財産権等の差押により第三債務者から給付を受けた金銭等は，差押に係る国税，交付要求を受けた国税，地方税および公課，差押財産に係る質権，抵当権等により担保される債権等に配当される。

3. 租税債権の優先

　国税徴収法第8条は，「国税は，納税者の総財産について，この章に別段の定めがある場合を除き，すべての公課その他の債権に先立って徴収する。」と国税優先の原則を定めている。国税にこのような一般的優先権が認められている理由としては，租税の公益性，任意の履行可能性が低いことが挙げられる。法律により成立した租税債権をその通り実現することが，完納している他の納税義務者との課税の公平の観点からも要求されているといえよう。

　しかし，あらゆる場合に租税債権が優先すると，私法秩序を不必要に乱すことになるので，担保権付債権との優先関係について別段の定めが設けられている。

　(1) 被担保債権との調整

　　　昭和34年の国税徴収法の改正まで，換価代金につき，国税は法定納期限より1年以上前に設定された質権または抵当権の被担保債権に劣後するが，それ以外の全ての債権に優先して徴収することとされていた。これでは，被担保債権が担保権の設定後に生じた国税に劣後することとなり，担保権を公示することにより，取引の安全を確保しようとする私法秩序を害するものと批判され

た。このため，昭和34年の改正では，法定納期限等をもって，第三者が国税の存在を知り得る時期として，換価代金からの徴収につき被担保債権との優先関係を定めている。その内容は次のとおりである。

滞納者がその財産上に質権または抵当権を設定している場合，その設定が法定納期限等以前であるときは，その被担保債権は国税に優先する。

滞納者の財産上に法定納期限等以前から不動産賃貸，不動産売買の先取特権があるときは，その被担保債権は国税に優先する。

法定納期限等以前に滞納者がその財産上に仮登記担保を設定しているときは，その被担保債権は国税に優先する。

滞納者の財産上に不動産保存の先取特権があるときは，その被担保債権は常に国税に優先する。

滞納者の財産上に留置権がある場合には，留置権の被担保債権は常に国税に優先する。

なお，滞納処分費は，その徴収の基因となった国税に先立って配当し，または充当する。

〈参　考〉

国税の法定納期限等には，次のような日を含む。

法定納期限

法定納期限後にその納付すべき額が確定した国税については更正通知書もしくは決定通知書又は納税告知書を発した日（申告により確定したものについては申告の日）

繰上請求に係る期限

第二次納税義務者または保証人として納付すべき国税については納付通知書を発した日

(2) 国税と地方税の調整等

　　国税と地方税とは，原則として同順位である。国税相互間，地方税相互間も原則として同順位である。これらの租税の間の優先順位は滞納処分の着手順による。

　　すなわち差押をした租税が交付要求をした租税に優先し，交付要求をした租税の間では，先に交付要求した租税が優先する。ただし，担保を徴している租税は，他の租税に優先する。

第六章　不服審査および訴訟

　私法上の債権債務関係において，債務者が債務の不存在または債務の範囲を争う場合，債権者が支払を請求する裁判等で不存在または一部不存在を主張することができ，また，債務者は裁判所に債務の不存在または債務の一部不存在の確認を請求し，権利の救済を求めることができる。これは対等当事者の法律関係であるので民事訴訟手続によることとなる。

　しかし，租税債権債務関係において，租税債務者すなわち納税義務者は，民事訴訟手続によって権利の救済を求めることはできないと考えられている。国と納税義務者の法律関係が公法関係であるという実質的意味はここにある。

　租税債権債務は，納税義務者の申告すなわち私人の公法行為により，または税務署長の更正，決定等すなわち税務行政庁の処分により税額が確定する。納税義務者が自己の申告した税額の過大を主張するときは，更正の請求を行わなければならないが，その請求が認められないときは，更正の理由がない旨の通知が行われる。この通知は，行政庁の処分として扱われ，不服審査および訴訟の対象となる。

　納税義務者が租税債務を過大として権利の救済を求めるためには，これらの税額を確定または変更した処分の取消を求めることとされている。行政庁の権限の行使である行政処分について，一般的に定められている権利救済の方法である。もっとも処分の不存在または無効を主張する場合には，処分の取消の手続をとる必要はないが，税法の分

野で現実に申告または更正等があった場合に，不存在または無効で争える例は少ない。権利救済の手続は，一般に行政不服審査法および行政事件訴訟法に定められている。しかし，国税に係る処分は大量に，反復して発生するものであるので，大量の案件を迅速に処理するため，国税に関する法律に基づく処分に関する権利の救済については，国税通則法が行政不服審査法の定めと異なる特例を定めている。

〈参　考〉

　　行政不服審査法第1条　この法律は，行政庁の違法又は不当な処分その他公権力の行使に当たる行為に関し，国民が簡易迅速かつ公正な手続の下で広く行政庁に対する不服申立てをすることができるための制度を定めることにより，国民の権利利益の救済を図るとともに，行政の適正な運営を確保することを目的とする。

　　　　（第2項略）

1.　不服審査

　行政処分の取消を求めるについては，その処分を行った処分庁もしくは処分庁の上級庁に取消を求める行政不服審査制度と，裁判所にその処分の取消を求める行政事件訴訟制度がある。一般には直接行政事件訴訟を提起することができるが，租税に関しては，行政不服審査による決定または裁決を経た後でなければ処分の取消の訴えを提起することができない（国税通則法第115条，地方税法第19条の12）。これを不服申立前置制度という。これは，事件が大量に発生する可能性があることと同時に，租税に関する事件は事実認定が問題となることが多く，処分行政庁が再度見直すことが合理的であることから認められて

いるものである。

　地方税に関する処分については，不服申立前置の他は一般の行政処分と同様に行政不服審査法の定めるところによる。しかし，国税に関する法律に基づく処分の不服審査については，国税通則法が次のような特別の手続を定めている。

　(1)　再調査の請求

　　　税務署長，国税局長または税関長がした処分に不服がある者は，その処分をした税務署長等に対する再調査の請求を行うことができる（国税通則法95条）。再調査の請求期間は，処分があったことを知った日の翌日から起算して3月以内である（国税通則法77条）。再調査の請求については決定で却下，棄却，取消，一部取消，変更をする。再調査の請求人の不利益に処分を変更することはできない。再調査決定で課税処分を取り消した場合は，その範囲で納税義務は消滅する。決定は，再調査決定書の謄本を送達して行う。再調査決定書には，決定の理由を附記しなければならず，決定で処分の全部または一部を維持する場合には，維持される処分を正当とする理由が明らかにされていなければならない。また，再調査決定書に当該処分について国税不服審判所長に審査請求できる旨および審査請求期間を記載して教示しなければならない。

　　　再調査の請求は，処分をした行政庁が審理するものであるが，現実には処分をした担当者と異なる審理担当の職員により審査される。

　(2)　審査請求

　　　行政不服審査法は，行政庁の処分に不服があるものは，原則と

して，当該処分庁の最上級行政庁に審査請求することができると定めている。しかし，国税に関する処分については，国税通則法により，国税庁長官のした処分を除き，国税不服審判所長に審査請求することとされている。地方税については，行政不服審査法が適用される。

国税不服審判所は，国税庁の特別の機関として，課税処分を行う国税局，税務署と独立に設けられた組織である。国税不服審判所長は，国税庁長官が財務大臣の承認を受けて任命するが，裁判所からの出向者が任命されている。国税不服審判所には審査請求に係る事件を調査・審理するため国税審判官，国税副審判官が置かれている。

国税不服審判所長は，一定の手続の下で国税庁長官が発した通達に示されている解釈と異なる解釈により裁決することができる。

このように，国税不服審判所を処分庁と独立に設け，場合によっては通達と異なる解釈により裁決することができることとしているのは，裁決機関の独立性を高め第三者的な立場に立って公正な裁決を行おうとするものである。課税処分が国民の財産を侵害する可能性のある処分であるだけに，十分な権利救済の制度を整え，行政の信頼を確保するための制度である。現実には，審査請求の段階でほとんどの事件が決着し，訴訟に至る事件は少ない。

国税不服審判所長に対して審査請求をすることができるのは，次の場合である。

　　税務署長，国税局長又は税関長がした処分については，処分を受けた者の選択により，再調査の請求をすることなく，審査

請求をするとき。

　再調査の請求をした者が，再調査決定を経た後の処分になお不服があるとき。

　再調査の請求をして3月を経過しても再調査決定のないとき。

　その他再調査の請求の決定を経ないで審査請求することにつき正当な理由があるとき。

　以上のように，審査請求は再調査の請求を経た後に二審として行われる場合があるが，審査請求されるのは再調査決定を経た後の原処分であり，再調査決定ではない。

　審査請求期間は，再調査の請求を経て行う場合は，再調査決定書の送達があった日の翌日から起算して1月以内であり，再調査の請求を経ないでする場合は，正当な理由があるときを除き，処分があったことを知った日の翌日から起算して3月以内である。再調査の請求も，再調査の請求を経ない審査請求も，正当な理由があるときを除き，処分があった日の翌日から起算して1年を経過したときはすることができない。

　審理は担当審判官1名と参加審判官2名以上の合議体によって行われる。原則として，請求の理由が記載された審査請求書，処分庁の答弁書，審査請求人からの反論書等に基づく書面審理であるが，審査請求人または利害関係人と認められた参加人は，申立てにより口頭で意見を述べる機会が与えられ，そこで原処分庁に質問することができる。また，審査請求人または参加人は，証拠書類または証拠物を提出することができ，また，担当審判官に提出された書類等を閲覧し，その写しまたは電磁記録の交付を求め

ることができる。このような，対審的仕組みは，平成26年の行政不服審査法の改正に伴う国税通則法の改正により強化されたものであり，不服申立人という従属的な位置づけから，請求人が，対等な立場で処分行政庁に請求するという行政不服審査法改正の趣旨を反映したものである。

担当審判官には，審理のため質問検査権が与えられており，その嘱託またはその命を受けて国税審判官，国税副審判官その他の国税不服審判所の職員は質問検査をすることができる。

審査請求については裁決で却下，棄却，取消，一部取消，変更をする。国税不服審判所長が，却下以外の裁決をする場合には，合議体の議決に基づいてしなければならない。裁決において，審査請求人の不利益に処分を変更することはできない。裁決は，裁決書の謄本を送達して行う。裁決書には，裁決の理由を附記しなければならず，裁決で処分の全部または一部を維持する場合には，維持される処分を正当とする理由が明らかにされていなければならない。裁決で課税処分を取り消した場合は，その範囲で納税義務は消滅する。そして，裁決は関係行政庁を拘束すると定められている。これは，その後行政庁が，当該事案について，裁決で取り消した処分と同じ処分をすると権利救済の意味が無くなるので，その旨定めたものである。

審査請求についての裁決を経た後の原処分に不服のある者は，行政事件訴訟法に基づき訴訟を提起し，裁判所に救済を求めることができる。

〈参　考〉

　　　国税不服審判所長の権限の一部は，東京，大阪等の全国11の

国税不服審判所と沖縄事務所の所長である首席国税審判官に委任されており，審査請求事件は，各地方の国税不服審判所において処理されている。

2. 訴　　訟

　行政事件訴訟法は，同法の適用される行政事件訴訟を抗告訴訟，当事者訴訟，民衆訴訟，機関訴訟とし，抗告訴訟について「この法律において「抗告訴訟」とは，行政庁の公権力の行使に関する不服の訴訟をいう。」と定めている（行政事件訴訟法第3条）。そして抗告訴訟として，処分の取消の訴え，裁決の取消の訴え，無効等確認の訴え，不作為の違法確認の訴え，義務付けの訴え，差止めの訴えを定めている。

(1)　課税処分取消訴訟

　　納税申告により確定した税額が，調査による税額と異なるとして増額更正を受けた場合，それに納得できない納税者は，不服審査手続きを経て訴訟を提起することができる。この訴訟は，更正・決定・賦課決定等の取消を請求する課税処分取消訴訟であり，抗告訴訟の「処分の取消の訴え」である。

　　この訴訟の審理の対象は処分の違法性であり，課税処分の違法とは処分後の税額が法律の定める正当な税額を超えることとするのが，判例および一般的な見解である。したがって，審理の対象は税額の総額となり，処分の理由となった売上除外等の事実が不存在であっても，他の税額を増加させる事実があれば，課税処分は取り消されない（総額主義）。すなわち，民事訴訟の債務不存在確認訴訟と同様の構造となっている。

しかし，抗告訴訟は，国と納税者の間に成立した法律関係を審理するものではなく，行政処分の瑕疵の存否を審理し，処分に瑕疵があれば取り消すものである。したがって，処分の理由となった事実が不存在であり，その事実認定に誤りがあれば課税処分に瑕疵があるとして取り消すべきと考える（争点主義）。この考えは，取消訴訟を民法の意思表示の瑕疵による取消と同様に解するものである。したがって，取消訴訟の審理の対象は，動機の錯誤も含む広い意味での錯誤の有無，具体的には処分の理由となった事実の存否および法解釈の適否と考える。

(2)　不服申立前置

　国税通則法に定める不服申立前置の内容は次のとおりである（国税通則法第115条）。

　国税に関する法律に基づく処分で不服申立てをすることができるものの取消を求める訴えは，審査請求についての裁決を経た後でなければ，提起することができない。ただし，次の場合は，その限りでない。

　　国税不服審判所長または国税庁長官に対して審査請求した後3月を経過しても裁決がないとき。

　　更正決定等の取消訴訟が係属している間にされた当該事案に対する他の更正決定等。

　　裁決を経ることにより生ずる著しい損害を避けるため緊急の必要があるとき，その他裁決を経ないことに正当な理由があるとき。

　なお，不服申立てが不服申立期間の経過等不適法で却下の裁決があった場合は，不服申立てを経たことにはならない。

不服申立前置は，憲法第32条の裁判を受ける権利に抵触するものではなく，また，３月以内に決定，裁決がない場合，次の手続に進むことが可能であるので，訴訟の提起を不当に遅延させるものではないと解されている。

(3)　出訴期間・立証・判決の効力

　取消訴訟は，裁決があったことを知った日から６月以内に提起しなければならない。また，正当な理由のない限り，裁決の日から１年を経過したときは提起することができない（行政事件訴訟法第14条）。

　行政事件訴訟は，行政事件訴訟法に定めがない事項については，民事訴訟の例によることとされている。そして，課税要件事実の存否の立証責任についても，民事訴訟の債権不存在確認訴訟の立証責任の分配の例により，債権の存在を主張するものが，立証すべきとの考え方が一般的である。したがって立証責任は国にあり，証明の範囲は処分の理由となった事実以外にも租税債権の存在を証明するあらゆる事実を含むとされている（総額主義）。しかし，抗告訴訟としての課税処分取消訴訟の性格から，立証責任は公権力を行使した国にあり，その証明の範囲は処分に瑕疵が無かったこと，すなわち処分理由（事実認定・法解釈）に錯誤のなかったことに限定されると考える。

　推計課税等事実の推認に基づいて行った更正等の処分については，国が推計の合理性を立証すれば，納税義務者側で推計額が真実と異なることを反証を挙げて立証すべきこととされている。

　取消訴訟において，出訴期間，原告適格等の訴訟要件を欠くときは，判決により却下され，処分に瑕疵がなかったときは判決に

より棄却され，処分に瑕疵があったときは判決により処分の全部または一部が取り消される。取消判決は，第三者に対しても効力を有し，当事者たる行政庁その他の関係行政庁を拘束する。

第七章　租　税　刑　法

　税法は，歳入の確保と課税の公平による租税正義を実現するため，税務行政庁に種々の権限を認め，また加算税等の行政上の措置を設けている。しかし，故意に租税債務を免れることは，歳入権を侵害し，課税の公平を害するもので，著しく租税正義に反することから，刑罰による可罰性を有すると考えられている。税務行政庁の権限の行使を阻害する行為も，同様の観点から可罰性を有すると考えられている。このことから，税法はこれらの行為を罰するため独自に刑罰規定を設けている。この刑罰規定に該当する犯罪を租税犯という。これらの刑罰規定の適用に当たっては，当然刑法総則の適用があり，訴追に当たっては刑事訴訟法が適用される。しかし，租税犯が租税債務の成立の有無と直接関係する特殊の分野の犯罪であることから，租税犯の調査については，税務行政庁が分担する制度がとられている。

　税法の定める刑罰および，租税犯の調査手続の概要は次のとおりである。

1．税法における刑罰

　所得税法の定める刑罰の主なものは次のとおりである。

　偽りその他不正の行為により所得税を免れ，または所得税の還付を受けた者は，10年以下の懲役もしくは1,000万円以下の罰金に処し，またはこれを併科する（所得税法第238条）。

　偽りその他不正の行為によらなくても，申告書を提出期限までに提

出しないことにより所得税を免れた者は，5年以下の懲役もしくは500万円以下の罰金に処し，またはこれを併科する（所得税法第238条第3項）。

源泉徴収して納付すべき所得税を納付しなかった者は，10年以下の懲役もしくは200万円以下の罰金に処し，またはこれを併科する（所得税法第240条）。

正当な理由がなくて確定申告書をその提出期限までに提出しなかった者は，1年以下の懲役または50万円以下の罰金に処する。ただし，情状によりその刑を免除することができる（所得税法第241条）。

税務行政庁に偽りの記載をした書類を提出したり，提出すべき届出または通知をしなかった者は，1年以下の懲役または50万円以下の罰金に処する（所得税法第242条）。

所得税法の刑罰規定と類似の規定が，法人税法，消費税法等の個別の税法に規定されている。実際の執行においては，単純無申告等の処罰例は極めて少ないが，課税を直接免れる逋脱犯のうち所得税，法人税を免れる逋脱犯については，多くの件数が立件され，近年は執行猶予が付かず実刑判決を受ける事例も増えている。

2．犯則調査

国税の租税犯の調査については，明治33年制定の国税犯則取締法が税務行政庁の権限と手続きを定めていた。しかし，この国税犯則取締法は，平成29年の税制改正により平成30年3月31日に廃止された。従来の国税犯則取締法が定めていた内容は，国税通則法に新しく設けた第11章「犯則事件の調査及び処分」に規定するとともに，社会のIT化に対応した内容に改めることを含めて規定が全面的に刷新された。

その趣旨は，一般の犯罪と異なり租税犯については，国税庁等の当該職員が犯則事件の調査を行い，その調査の結果，犯則があると判断するときに，当該職員が告発の手続をとり，その告発を受けて検察庁において訴追の手続をとるとするものである。この場合の当該職員とは，内国国税の賦課徴収およびその犯則事件の調査に従事する職員であり，国税局の査察部の職員および間接国税の犯則調査について権限を有する職員等が該当する。犯則事件とは，租税犯の嫌疑のある事件のことである。この調査のため，当該職員は，犯則嫌疑者もしくは参考人に対して出頭を求め，質問し，所持する物件，帳簿，書類等を検査し，任意に提出されたこれらの物を領置し，また，官公署・公私の団体に照会して必要な事項の報告を求めることができる（国税通則法第131条）。さらに，当該職員は，地方裁判所または簡易裁判所の裁判官があらかじめ発する許可状により，臨検，捜索，証拠物等の差押えまたは記録命令付差押えをすることができる（国税通則法第132条第１項）。犯則調査は，行政上の調査であるが，刑事告発を目的に行われるものであるので，刑事手続に準じ，臨検，捜索，差押えについては，司法官憲の令状を必要としている。

当該職員は，犯則調査により租税犯が成立すると判断するときは，告発の手続をしなければならない（国税通則法第155条）。

〈参　考〉

1. 記録命令付差押え　電磁的記録を保管する者その他電磁的記録を利用する権限を有する者に命じて必要な電磁的記録を記録媒体に記録させ，または印刷させた上，当該記録媒体を差し押さえることをいう。

2. 通告処分　犯則事件の処分につき，間接国税については

告発の他に，罰金または科料等に相当する金額の納付を通告し，その納付が行われた場合は刑事訴追を行わない，通告処分の制度が設けられている。従来，間接国税の犯則事件の処理は通告処分が一般的な処分の方法であったが，改正後の国税通則法は通告処分の対象となる間接国税を携帯輸入または郵便物による輸入の場合に課税貨物に課される消費税等に限定しており（国税通則法第135条第1項），従来の間接国税に関する通告処分の制度は実質的に廃止されたといえる。

　なお，課税資産の譲渡等に課される消費税は，当初より通告処分の対象からは除かれている。

税 法 各 論

　すでに見てきたように，租税債権債務は法律の定めるところにより
成立し，法律の定める手続によりその金額を確定する。したがって，
租税債権債務を発生させるためには，法律によって納税義務者，課税
物件，課税標準，税率等の課税要件が定められなければならない。

　現在，課税要件等を定めるため，国税については，原則として，個
別の税それぞれに独立の法律が制定されており，地方税については，
地方税法が全ての個別の税について全国の統一的基準を定めている。
税法各論は，これらの個別の税についての税法を対象とするものであ
り，その主体は，誰にいくらの債務が発生するかという租税債権債務
の内容に関する法，すなわち租税実体法である。そして，租税実体法
が，納税者の権利の保護と課税の公平の要請に最も密接に関係する法
である。

　個別の税に関する税法は，租税法律主義の原理により，その税に関
して納税義務者の権利保護と課税の公平の要請に応えるべく精密に制
定されているのであるが，なお，多くの議論が行われ，多数の解釈通
達が発せられているのが現実であり，税法学の中心的研究分野であ
る。

　税法各論では，多くの個別の税法の中から，最も重要で議論の多い
所得税法，相続税法，法人税法，消費税法と地方税法を取り上げ，ま
た近年ますます重要となっている国際課税の問題を概観する。

第一章 所 得 税 法

1. 所得税の概要

　所得税法は，所得税について定める法律である。所得税とは，個
人の所得に対して課される税である。所得税の税収は，令和6年度
予算では17兆9,050億円であり，租税及印紙収入の総額74兆7,879億円
の23.9％を占めている。所得税は歳入予算上源泉分と申告分に区分さ
れており，源泉分が79.1％，申告分が20.9％と圧倒的に源泉分が多
い。所得税の納税者数は，令和6年度の見込みで申告分が663万人，
源泉分の給与所得で4,898万人であり，納税者数で国税の中で最大で
ある。

(1) 所得税の特色

　　所得税は，所得という担税力（税負担能力）を端的に示すもの
　を課税物件としていることから，担税力に応じた負担の要請に最
　も的確に応えるものである。累進税率の採用により垂直的公平に
　優れているとともに，各人個々に課税されるため人的諸控除の導
　入により個人的事情を考慮しやすく，最も近代的で優れた税とい
　える。所得税は，今後もわが国の税制の中で重要な地位を占める
　べき税と考えられる。

　　一方，所得税は所得という元来把握しにくいものを課税物件と
　していることから，把握漏れによる不公平が生じやすく，申告納
　税方式の採用とも相まって，納税義務者に厳しい納税道義が要求
　されている。また，税制の中で所得税の比率が高くなりすぎると

負担感が高まり，脱税を誘発し，所得の把握漏れによる不公平感が高まる。消費税を導入した昭和63年の税制の抜本的改革は，所得税の比率を低くすることがその目的の一つであった。

(2) 所得概念

　所得税の課税物件は所得である。どのようなものを課税の対象としての所得と捉えるかという所得概念については，制限的所得概念と包括的所得概念の二つの考え方がある。前者は所得源泉説とも呼ばれ，地代，家賃，給与，配当，事業からの収入等，継続的に収入が発生する源泉に係るものを所得と捉えるものであり，一時的・偶発的な収入等は所得から除外する。イギリスやヨーロッパ諸国の所得税はこの考えに基づいていたし，わが国でも戦前はこの考え方によっていた。包括的所得概念は，純資産増加説とも呼ばれ，一時的，偶発的収入であっても，個人の純資産を増加させるあらゆる収入に所得を見いだそうとするものである。アメリカの所得税はこの考え方によって創設された。一時的な収入にも担税力を認めるのが公平であるとの観点から，今日では包括的所得概念が各国において一般的となっている。

　わが国の現行所得税法は，所得の生じる原因を限定しないで所得を捉えており，包括的所得概念に立っている。所得税法は各種の所得の計算方法を定めるが，一般的な所得の概念については定めておらず，社会通念上「所得」とされるものを所得としているものと解される。社会通念上の所得は，経済的利得，経済力の増加を主体とし，さらに，自然人たる個人の個人的生活において自由に費消できる稼得等，個人的消費と関係の深い概念であるといえよう。

(3) 納税義務者

　　所得税の納税義務者は居住者および非居住者であり，また，特定の所得については，法人も納税義務者になるのであるが，本章では居住者に課される所得税について述べる。

〈参　考〉

　1.　現行所得税法の構成は次のとおりである。

　　第一編　総則（1条から20条），第二編　居住者の納税義務（21条から160条），第三編　非居住者及び法人の納税義務（161条から180条の2），第四編　源泉徴収（181条から223条），第五編　雑則（224条から237条）第六編　罰則（238条から243条）

　2.　納税義務者

　　所得税法第5条　居住者は，この法律により，所得税を納める義務がある。

　　　　2　非居住者は，次に掲げる場合には，この法律により，所得税を納める義務がある。

　　　　一　第161条第1項（国内源泉所得）に規定する国内源泉所得（次号において「国内源泉所得」という。）を有するとき（同号に掲げる場合を除く。）。

　　　　　（第二号および第3項，第4項略）

2.　所得税の計算の仕組み

(1)　所得の区分

　　所得税には所得の発生原因に応じて所得をいくつかの種類に分類して，その種類の所得ごとに定められた税率により課税する分類所得税の考え方と，様々の発生原因による所得を全て合計し，その合計額に一つの累進税率により課税する総合所得税の考え方とがある。担税力は総合的な所得がより的確に表すとの考えから，現在は総合所得税の考え方が一般的になっている。

現行の所得税法は，所得を10種類に区分し，それぞれについて計算方法を定め，8種類の所得を合計して累進税率を適用し，他の2種類にはそれぞれに累進税率を適用することとしている。分類所得税の考えを残しつつ，全体的には総合所得税であるといえる。

　所得についてその発生原因別に分類してみると，次のとおりである。

　資産の運用によるもの　（利子，配当，地代・家賃など）

　勤労によるもの　（給料，賃金，報酬など）

　資産と勤労の結合によるもの　（農業，商業，工業など）

　資産の処分によるもの　（譲渡による値上がり益など）

　恩恵的なもの　（贈与，賞金など）

　また，発生形態別に分類してみると，次のとおりである。

　経常的なもの　（利子，配当，地代・家賃，給与，農業，商業，工業など）

　臨時的なもの　（資産の譲渡，賞金など）

　長期間に形成されたものが一時に実現したもの　（資産の譲渡，退職所得，山林所得など）

　以上のような発生原因と発生形態に着目し，所得税法が区分した10種類の所得は次のとおりである。

---

①利子所得　②配当所得　③不動産所得　④事業所得　⑤給与所得　⑥退職所得　⑦山林所得　⑧譲渡所得　⑨一時所得　⑩雑所得

　雑所得は雑所得以外の所得のいずれにも該当しない所得とさ

所得税計算の仕組み

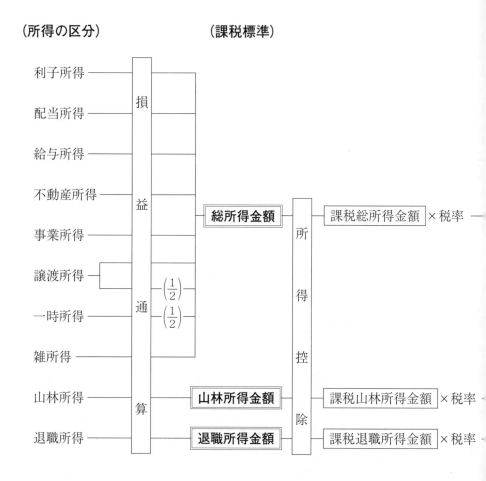

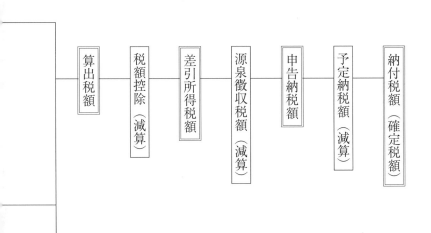

算出税額 — 税額控除（減算） — 差引所得税額 — 源泉徴収税額（減算） — 申告納税額 — 予定納税額（減算） — 納付税額（確定税額）

（税額控除等につき一部簡略化している）

れ，結果的に全ての所得に所得税が課されるので，所得税法は包括的所得概念に立っているといえる。そして，10種類に区分しているのは，各種類ごとの所得を定義し，所得の範囲を明確にするとともに，それぞれの所得の発生原因および発生形態により，担税力に差があるとの観点から，課税される所得の金額について異なった計算をすることとしているためである。分類所得税の考え方が残っている点である。したがって所得の区分を間違えると，税額で大きな差が生じることがある。

(2) 課税標準

所得税法は，課税標準を次の3つとしている（所得税法第22条）。

---

①総所得金額 ②退職所得金額 ③山林所得金額

総所得金額は，退職所得，山林所得を除く8種類の所得を合計した金額であり，具体的には次のイとロを合計した金額である。

　　イ　利子所得の金額，配当所得の金額，不動産所得の金額，事業所得の金額，給与所得の金額，譲渡所得の金額（短期），雑所得の金額の合計額

　　ロ　譲渡所得の金額（長期）および一時所得の金額の合計額の $\frac{1}{2}$ に相当する金額

総所得金額，山林所得金額，退職所得金額から各種の所得控除を控除した残額を，課税総所得金額，課税山林所得金額，課税退職所得金額といい，税率が乗ぜられるのはこれらの金額である。

(3) 税額の計算

所得税法の定める税率は次のとおりであり，所得金額の区分に

応じて高額な所得区分ほど高い税率となっている（所得税法第89条）。これを超過累進税率という。

195万円以下の金額 ･････････････････････････ 5%

195万円を超え　330万円以下の金額 ……… 10%

330万円を超え　695万円以下の金額 ……… 20%

695万円を超え　900万円以下の金額 ……… 23%

900万円を超え1,800万円以下の金額 ……… 33%

1,800万円を超え4,000万円以下の金額 ……… 40%

4,000万円を超える金額･･･････････････････････45%

課税総所得金額と課税退職所得金額にそれぞれ税率を乗じて算出した金額の合計額と，課税山林所得金額の$\frac{1}{5}$に相当する金額に税率を乗じて計算した金額を5倍した金額の合計額が，その年分の所得税額である（所得税法第21条）。一定の税額控除が認められる場合は，合計する前の各金額から税額控除額が順次控除される。

〈参　考〉

1. 非課税所得（所得税法第9条）

　所得税法は，包括的所得概念に立っているが，所得の性質，社会政策等の観点から，一定の所得を非課税としている。非課税所得は何らの手続を要することなく課税の対象から除外され，一方その所得の計算上損失が生じても，その損失は無いものとみなされる。

　例　通勤手当，一定の生活用動産の譲渡による所得，内廷費，学資金，相続・贈与，ノーベル賞等の賞金，損害賠償金等

　なお，所得税法に定める他に，租税特別措置法その他の法律による非課税所得がある。

2. 所得税法第21条　居住者に対して課する所得税の額は，次に
　　定める順序により計算する。

　　　　一　次章第二節（各種所得の金額の計算）の規定によ
　　　　　り，その所得を利子所得，配当所得，不動産所得，事
　　　　　業所得，給与所得，退職所得，山林所得，譲渡所得，
　　　　　一時所得又は雑所得に区分し，これらの所得ごとに所
　　　　　得の金額を計算する。

　　　　二　前号の所得の金額を基礎として，次条及び次章第三
　　　　　節（損益通算及び損失の繰越控除）の規定により同条
　　　　　に規定する総所得金額，退職所得金額及び山林所得金
　　　　　額を計算する。

　　　　三　次章第四節（所得控除）の規定により前号の総所得
　　　　　金額，退職所得金額又は山林所得金額から基礎控除そ
　　　　　の他の控除をして第89条第2項（税率）に規定する課
　　　　　税総所得金額，課税退職所得金額又は課税山林所得金
　　　　　額を計算する。

　　　　四　前号の課税総所得金額，課税退職所得金額又は課税
　　　　　山林所得金額を基礎として，第三章第一節（税率）の
　　　　　規定により所得税の額を計算する。

　　　　五　第三章第二節（税額控除）の規定により配当控除，
　　　　　分配時調整外国税相当額控除及び外国税額控除を受け
　　　　　る場合には，前号の所得税の額に相当する金額からそ
　　　　　の控除をした後の金額をもって所得税の額とする。

　　　2　前項の場合において，居住者が第四章（税額の計算
　　　　の特例）の規定に該当するときは，その者に対して課
　　　　する所得税の額については，同章に定めるところによ
　　　　る。

3. 所得税法第22条　居住者に対して課する所得税の課税標準
　　は，総所得金額，退職所得金額及び山林所得金額とす

る。

2 　総所得金額は，次節（各種所得の金額の計算）の規定により計算した次に掲げる金額の合計額（第70条第1項若しくは第2項（純損失の繰越控除）又は第71条第1項（雑損失の繰越控除）の規定の適用がある場合には，その適用後の金額）とする。

一 　利子所得の金額，配当所得の金額，不動産所得の金額，事業所得の金額，給与所得の金額，譲渡所得の金額（第33条第3項第1号（譲渡所得の金額の計算）に掲げる所得に係る部分の金額に限る。）及び雑所得の金額（これらの金額につき第69条（損益通算）の規定の適用がある場合には，その適用後の金額）の合計額

二 　譲渡所得の金額（第33条第3項第2号に掲げる所得に係る部分の金額に限る。）及び一時所得の金額（これらの金額につき第69条の規定の適用がある場合には，その適用後の金額）の合計額の二分の一に相当する金額

3 　退職所得金額又は山林所得金額は，それぞれ次節の規定により計算した退職所得の金額又は山林所得の金額（これらの金額につき第69条から第71条までの規定の適用がある場合には，その適用後の金額）とする。

3. 各種所得の金額の計算

各種所得の定義および各種所得の金額は次のとおりである。

(1) 　利子所得（所得税法第23条）

利子所得とは，公社債および預貯金の利子並びに合同運用信託，公社債投資信託および公募公社債等運用投資信託の収益の分

配に係る所得である。

　利子所得の金額は，その年中の利子等の収入金額である。

　預貯金とは，銀行その他の金融機関等に対する預金および貯金をいい，これ以外の利子は利子所得ではない。個人への貸金の利子は，雑所得または事業所得となる。

　所得税法では，利子所得は総所得金額に合計することになっている。しかし，現在は租税特別措置法第３条により，これを他の所得と区分し，金融機関等が支払う利子等からその15％を源泉徴収（他に地方税５％の特別徴収）し，それによって課税は完結することとされている。

(2)　配当所得（所得税法第24条）

　配当所得とは，法人から受ける剰余金の配当，利益の配当，剰余金の分配，基金利息並びに投資信託（公社債投資信託等を除く）の収益の分配等に係る所得である。

　なお，配当等とみなされる所得がある（所得税法第25条）。

　配当所得の金額は，その年中の配当等の収入金額である。ただし，株式その他の配当所得を生じる元本取得のための負債があるときは，その利子を控除した金額とする。

　配当等も一般に配当といわれているもののうち，限定的に列挙されているものに限る。協同組合の事業分量配当は，配当所得にならない。

　配当等についてもその20％（上場株式は15％）を源泉徴収されるが，配当所得は総所得金額に合計され，源泉徴収された税額は，算出された所得税額から減算される。

　ただし，上場株式の配当および１回10万円（配当計算期間12

月の場合）以下の配当等に係る所得は，総所得金額に算入しない
ことができ，その場合は源泉徴収された税額で課税関係は終了す
る。

　また，金融商品取引業者等の営業所に開設した非課税口座勘定
（NISA）で支払を受ける上場株式の配当は，一定の限度まで非課
税とされている。

〈参　考〉
　　　NISA（ニーサ）
　　　　上場株式の配当の非課税口座勘定は，英国の個人貯蓄預金
　　　（Individual Savings Account 略 ISA）に倣って，わが国 Nippon
　　　の ISA として NISA（ニーサ）と一般に呼ばれている。

(3)　不動産所得（所得税法第26条）
　不動産所得とは，不動産，不動産の上に存する権利，船舶また
は航空機の貸付による所得である。

　不動産所得の金額は，その年中の不動産所得に係る総収入金額
から必要経費を控除した金額である。損失は，他の所得から減算
できる。

　不動産の貸付業は事業所得の事業から除かれており（所得税法
施行令第63条），事業として行われても事業所得とはならない。
一方，事業の規模に至らない部屋貸し等も，雑所得とならず不動
産所得となるので，損失が出た場合，原則として他の所得から減
算することができる。

　しかし，事業として行われていれば，資産損失，青色事業専従
者給与，青色申告特別控除等の規定が適用され有利であるから，
事業として行われているか否かの判定は重要である。この判定

は，社会通念上，事業と称するに至る程度の規模で不動産等の貸付を行っているかどうかにより判定する。

(4)　事業所得（所得税法第27条）

　　事業所得とは，農業，漁業，製造業，卸売業，小売業，サービス業その他の事業で政令で定めるものから生ずる所得である。政令では，法律で列挙した事業のほか，鉱業，建設業，金融業等を掲げ，そのほか対価を得て継続的に行う事業を事業としている。結局，ある経済活動が事業であるか否かは，その活動が自己の責任と計算において，独立的に，営利性，有償性を有し，かつ反復継続して営まれる業務であって，社会通念上事業と認められるかどうかを基準として判断することになる。

　　事業所得の金額は，その年中の事業所得に係る総収入金額から必要経費を控除した金額である。損失は，他の所得から減算できる。

(5)　給与所得（所得税法第28条）

　　給与所得とは，俸給，給料，賃金，歳費および賞与並びにこれらの性質を有する給与に係る所得である。

　　給与とは，雇用契約またはこれに準じる契約に基づき，雇用主に対する従属的労働の対価として雇用主から支払を受ける給付をいう。法律に掲げる形態は例示であり，定額給であるか，出来高払いであるか，勤務地手当，扶養手当，超過勤務手当などの付随給であるかを問わない。

　　給与所得の金額は，その年中の給与の収入金額から給与所得控除額を控除した残額である。

　　給与所得控除額は法律の定める一定額であり，次のとおりであ

る。

収入金額	給与所得控除額
180万円以下	収入金額×0.4－10万円(55万円未満の場合は55万円)
180万円超～360万円	62万円＋180万円を超える金額×0.3
360万円超～660万円	116万円＋360万円を超える金額×0.2
660万円超～850万円	176万円＋660万円を超える金額×0.1
850万円超	195万円

　ただし，660万円未満の場合は，4,000円ごとに区切られた収入の給与所得控除後の金額の表（所得税法別表第五）により給与所得を算出する。

　なお，通勤費，赴任旅費，職務上の旅費，研修費，資格取得費，単身赴任者の往復旅費，合計65万円までの衣服費・交際費等の特定支出が，給与所得控除額の2分の1を超えるときは，さらに超える金額を控除したものを，給与所得の金額とすることができる（所得税法第57条の2）。

　給与所得控除の理由については，次のように考えられている。

　勤務についての必要経費を概算で認める。

　給与所得は勤労による所得であり，担税力に乏しい。

　源泉徴収により早期に納付されるので，金利相当分を調整する。

　所得の把握率が高いので，他の所得との負担調整をする。

　給与所得に係る税収は，所得税の税収の中で最も大きい比率を占めている。しかし，そのほとんどが，給与所得者の申告によることなく，給与の支払者が給与から源泉徴収して納付する源泉徴

収制度により徴収された税額が所得税額となっている。この給与に対する源泉徴収制度は，昭和15年の所得税法の改正において，負担の普遍化を図るため，所得税の納税者を拡大したときに，納税の簡素化を期するとして導入されたものである。

(6) 退職所得（所得税法第30条）

　退職所得とは，退職手当，一時恩給その他の退職により一時に受ける給与およびこれらの性質を有する給与に係る所得である。

　退職所得は勤労に対する報酬であり，一種の給与所得と考えられるが，それが一時に支給される点や，通常老後の生活保障の意味を含む最後の報酬であり担税力が弱いことから，給与所得と区分している。

　退職所得の金額は，その年中の退職手当等の収入金額から退職所得控除額を控除した残額の2分の1である。

　ただし，役員等で勤続年数が5年以下の者に対する退職手当等については，退職手当等の収入金額から退職所得控除額を控除した残額が退職所得となる。

　退職所得控除額は次のとおりである。

　　勤続年数が20年以下の場合

　　　　40万円×勤続年数（最低80万円）

　　勤続年数が20年を超える場合

　　　　800万円＋70万円×（勤続年数－20年）

　　障害者になったことに直接基因して退職した場合

　　　　100万円を加算

　退職所得については，すでに見たように，他の所得と合計さ

れることなく，分離課税として退職所得金額自体が課税標準となり，これに税率が乗じられる。通常の場合，支払者が受給者の提出する退職所得の受給に関する申告書に基づき，所得税額を計算し源泉徴収することによって課税関係は終了する。

退職所得は，昭和13年の所得税法の改正で導入されるまでは非課税とされていた。これは，当初所得税法は所得源泉説の立場に立ち一時的収入を所得から除いていたからである。

(7) 山林所得（所得税法第32条）

山林所得とは，取得して5年を超える山林の伐採または譲渡による所得をいう。

山林とは，木材として販売する目的で育成している立木をいい，敷地を含まない。伐採とは立木を伐採して譲渡することであり，譲渡とは伐採しないで立木のまま譲渡することである。

山林所得の金額は，その年中の山林所得に係る総収入金額から植林費，管理費，伐採費等の必要経費を控除し，その残額から山林所得の特別控除額50万円を控除した金額である。必要経費について，所得税法第61条に簡便計算，租税特別措置法第30条に概算経費率（代金の50％）が定められている。必要経費を控除して損失があるときは，他の所得から減算できる。

山林所得は，植林から伐採まで長期間にわたり発生した価値が一時に実現するものであり，この特異性から独立の所得区分とされている。山林所得は他の所得と合計することなく分離課税とされ，その税率の適用についても 2(3)で述べた，いわゆる5分5乗方式により累進度が緩和されている。

(8) 譲渡所得（所得税法第33条）

譲渡所得とは，資産の譲渡による所得である。譲渡には，地上権・賃借権等の設定を含み，たな卸資産その他営利を目的として継続的に行われる資産の譲渡,山林の伐採または譲渡は含まない。

　譲渡所得の金額は，その年中の譲渡所得に係る総収入金額から当該所得の基因となった資産の取得費および譲渡費用を控除し，その残額から譲渡所得の特別控除額50万円を控除した残額である。取得費および譲渡費用を控除して損失があるときは，他の所得から減算できる。

　譲渡所得は，資産の取得後5年以内にされた譲渡に係る短期譲渡所得と，その他の長期譲渡所得があり，それぞれのグループについて譲渡所得の計算を行う。一方に損失があれば他方から控除する。長期譲渡所得は総所得金額に合計されるときその2分の1が合計される。

　譲渡所得の本質は，キャピタル・ゲインすなわち保有資産の価値の値上がり益であり，通常長期にわたるキャピタル・ゲインの累積が一時に実現することから，長期譲渡所得について累進税率の緩和措置がとられているものである。

〈参　考〉

1．土地・建物等の譲渡所得については，土地政策の観点から，租税特別措置法によって分離課税とされている。

　　土地・建物等の長期譲渡所得（1月1日で所有期間5年超）の税率は15％である（租税特別措置法第31条）。

　　土地建物等の短期譲渡所得（1月1日で所有期間5年以下）の税率は30％である（租税特別措置法第32条）。

2．みなし譲渡　　法人に対する贈与等一定の無償の譲渡は時価による譲渡があったものとみなされる（所得税法第59条）。権

利の移転時にキャピタル・ゲインを認識するものである。

3. 有価証券等については，居住者（有価証券等1億円以上所有等一定の者）が国外に転出する場合には，時価により譲渡があったものとみなされ（所得税法第60条の2），また，贈与・相続・遺贈により非居住者に移転した場合には，所有者であったその居住者が時価に相当する金額により譲渡したものとみなされる（所得税法第60条の3）。

(9) 一時所得（所得税法第34条）

一時所得とは，利子所得，配当所得，不動産所得，事業所得，給与所得，退職所得，山林所得，譲渡所得以外の所得のうち，営利を目的とする継続的行為から生じた所得以外の一時の所得で，労務その他の役務または資産の譲渡の対価としての性質を有しないものをいう。

すなわち，懸賞，競馬の払戻金，生命保険の満期保険金，法人からの贈与，借家の立退料等が一時所得となる。

一時所得の金額は，その年中の一時所得に係る総収入金額からその収入を得るために支出した金額を控除し，その残額から一時所得の特別控除額50万円を控除した金額である。

一時所得は制限的所得概念の下では，所得に含まれないものであるが，現在の所得税法が包括的所得概念に立っていることから，所得として課税対象としているものである。しかし，偶発的・一時的なものであることから累進税率を緩和するため，総所得金額に合計するに当たり，その2分の1を合計することとされている。また，一時所得が発生する行為は，通常個人の趣味・娯楽等の所得の処分の色彩が強いことから，損失が生じてもそれを他の所得から減算することはできない。

⑽　雑所得（所得税法第35条）

　雑所得とは，利子所得から一時所得までのいずれにも該当しない所得である。

　従来給与所得とされていた公的年金等が，給与所得控除を認めることの不合理と，給与所得より税負担を軽減する目的で昭和62年の所得税法の改正により，給与所得から除かれ，雑所得とされた。雑所得はこの公的年金等と，その他の雑所得から成るが，その他の雑所得は，様々なものから成り，統一的な性格付けはできない。事業に該当しない動産の貸付，著作権・特許権の使用料，原稿料，講演料，生命保険契約等に基づく年金，政治献金等がこれに該当する。

　雑所得の金額は，その年中の公的年金等の収入金額から公的年金等控除額（年齢65歳以上最低110万円）を控除した残額と，その他の雑所得に係る総収入金額から必要経費を控除した金額の合計額である。

　雑所得については，損失が生じてもそれを他の所得から減算することはできない。

4.　総収入金額と必要経費

　各種所得の金額は，すでに見たように総収入金額または収入金額から，必要経費またはその他の費用と特定の控除額を控除して計算する。収入金額の用語は利子所得，配当所得，給与所得，退職所得と公的年金等に係る雑所得に用いられている。これらの所得は収入の内容が比較的単純であり，収入とそれに対応する費用を個別対応で把握しようとするものである。総収入金額の用語は，不動産所得，事業所

得，山林所得，譲渡所得，一時所得，雑所得に使用されている。これらの所得は，多くの場合収入の内容が副収入や付随収入を伴い複雑であることから，収入と費用を個別に対応させるのではなく，収入の総計と費用の総計を対応させようとするものである。用語は異なるが，考え方は同じである。そこで，総収入金額または収入金額をどのように把握するか，また，必要経費その他の金額をどのように把握するかが問題となる。特に問題となるのはどの年の収入になるか，どの年の必要経費となるかである。所得税は暦年の所得を対象として超過累進税率により課税するので，どの年の収入になるか，どの年の必要経費になるかによって，税負担が大きく異なる場合がある。

(1) 総収入金額

　　所得税法は，収入金額とすべき金額または総収入金額に算入すべき金額を，原則として「その年に収入すべき金額」と定めている（所得税法第36条）。収入すべき金額とは，まだ収入がなくても収入する権利の確定した金額のことである。すなわち，所有権が移転し，または役務の提供があったこと等により代金債権が確定した時を収入の時とするものであり，権利確定主義と呼ばれる。

　　会計学では収益の認識基準として，現金の収入の時を基準とする現金主義と収益が発生したと合理的に認識できる時を基準とする発生主義がある。そして，現在の企業会計では，広義の発生主義のうち，収益認識の時を収益が実現した時とする実現主義を原則としている。

　　所得税法の定める権利確定主義は，実現主義に近いものであるが，実現主義が会計技術上の原則であるのに対し，課税の公平を

背景として収益の認識を統一的に捉えようとする，法的側面からの原則である。そして，権利確定主義も厳密に権利確定の時期とするのではなく，現実にその所得を管理し享受しているか否かで判断されるものと解されている。このような解釈を基に所得税基本通達は，各種所得について具体的に収入すべき時期を定めている。

なお，収入すべき金額または総収入金額に算入すべき金額は，金銭以外の経済的利益を含み，また，その収入の基因となった行為が適法であるかどうかを問わない。

典型的な収入すべき時期は次のとおりである。

利 子 所 得　定期預金は契約期間の満了日
配 当 所 得　株主総会の決議のあった日
不動産所得　契約または慣習による支払日
事 業 所 得　たな卸資産の引渡しがあった日，役務の提供を
　　　　　　　完了した日
給 与 所 得　契約または慣習による支給日
退 職 所 得　退職の日
山 林 所 得　資産の引渡しがあった日
譲 渡 所 得　資産の引渡しがあった日
一 時 所 得　支払を受けた日
雑 　所 　得　他の所得に準じて判断する。

〈参　考〉

所得税法第36条　その年分の各種所得の金額の計算上収入金額とすべき金額又は総収入金額に算入すべき金額は，別段の定めがあるものを除き，その年において収入すべき金額（金

銭以外の物又は権利その他経済的な利益をもって収入する場合には，その金銭以外の物又は権利その他経済的な利益の価額）とする。

2　前項の金銭以外の物又は権利その他経済的な利益の価額は，当該物若しくは権利を取得し，又は当該利益を享受する時における価額とする。

3　無記名の公社債の利子，無記名の株式（括弧内略）の剰余金の配当（第24条第1項（配当所得）に規定する剰余金の配当をいう。）又は無記名の貸付信託，投資信託若しくは特定受益証券発行信託の受益証券に係る収益の分配については，その年分の利子所得の金額又は配当所得の金額の計算上収入金額とすべき金額は，第一項の規定にかかわらず，その年において支払を受けた金額とする。

(2)　必要経費

　事業所得，不動産所得，山林所得，雑所得の金額は，総収入金額から必要経費を控除して計算する。必要経費は収入を得るために支出した金額であり，投下資本の回収部分を収入から控除するもので，企業会計における費用に相当するものである。配当所得，一時所得，譲渡所得においては，個々の支出を控除するのに対し，これらの所得においては，収入の総計に対応する支出総計を必要経費として控除するものである。収入を得るための支出である点で両者は同じである。

　所得税法は，原則として次のものを必要経費に算入すべきものとしている（所得税法第37条）。

　　総収入金額に係る売上原価
　　総収入金額を得るために直接要した費用

その年における販売費，一般管理費その他業務上の費用（償
　　却費以外の費用でその年において債務が確定しないものを除
　　く。）

　売上原価とは，商業の場合，販売した商品の仕入価額であり，
通常次の算式で計算する。

　　年初棚卸高＋その年中の仕入高－年末棚卸高
　　＝その年中の売上原価

　この場合，年末の棚卸高がいくらになるか，すなわち棚卸資
産の評価をどのようにするかによって売上原価が異なることとな
り，所得に大きく影響する。この棚卸資産の評価方法について
は，所得税法および政令によって詳細に定められている。

　総収入金額を得るために直接要した費用は，売上原価と同様に
収入と直接対応させることができる工事原価等の費用であり，原
則としてその年中に債務の確定しているものに限られる。

　販売費，一般管理費は次のような費用であり，特定の収入と対
応しないものであるため，期間対応とし，それが生じた年の必要
経費とされるものである。

　　広告宣伝費，接待交際費，発送費・配達費，給料手当，減価
　　償却費，地代家賃，租税公課，修繕費，事務用消耗品費，福
　　利厚生費，交通通信費，雑費

　これらの費用も，償却費を除きその年中に債務が確定している
ものに限られる。

　なお，山林の伐採，譲渡による所得は，山林所得となるものの
他，事業所得，雑所得になるものがあるが，いずれの場合にも山
林に係る所得の計算においては，その山林の植林費，取得費，管

理費，伐採費その他その山林の育成または譲渡に要した費用（償却費を除き債務の確定しているもの。）を必要経費としている。山林に係る所得は，通常経常的に発生するものではないので，収入金額が発生したときに，長期にわたる過去の費用を全て控除することとしているものである。

〈参　考〉

1．所得税法第37条　その年分の不動産所得の金額，事業所得の金額又は雑所得の金額（事業所得の金額及び雑所得の金額のうち山林の伐採又は譲渡に係るもの並びに雑所得の金額のうち第35条第3項（公的年金等の定義）に規定する公的年金等に係るものを除く。）の計算上必要経費に算入すべき金額は，別段の定めがあるものを除き，これらの所得の総収入金額に係る売上原価その他当該総収入金額を得るため直接に要した費用の額及びその年における販売費，一般管理費その他これらの所得を生ずべき業務について生じた費用（償却費以外の費用でその年において債務の確定しないものを除く。）の額とする。

2　山林につきその年分の事業所得の金額，山林所得の金額又は雑所得の金額の計算上必要経費に算入すべき金額は，別段の定めがあるものを除き，その山林の植林費，取得に要した費用，管理費，伐採費その他その山林の育成又は譲渡に要した費用（償却費以外の費用でその年において債務の確定しないものを除く。）の額とする。

2．譲渡所得の取得費

譲渡所得の計算上控除される取得費は，その資産の取得に要した金額並びに設備費および改良費の合計である。その資産が時の経過により減価するものであるときは，その合計額から減価額を控除した金額である。山林所得と同様に，年分の費用と

関係なく長期にわたる過去の費用を全て控除するものである。

(3) 別段の定め

以上が収入金額，必要経費についての原則的な定めであるが，所得税法および租税特別措置法によって種々の観点から別段の定めが設けられている。その一つは，所得税が個人の経済活動を対象としているため，会社等法人の場合と異なり所得の処分としての家事と所得を得るための業務が混在しがちであることから定められたものである。

別段の定めには，次のようなものがある。

イ　たな卸資産の自家消費または贈与

たな卸資産を家事のために消費したり，知人に贈与した場合は，収入金額はないのであるが，所得税法はそのたな卸資産の価額に相当する金額を事業所得または雑所得の総収入金額に算入することとしている（所得税法第39条，第40条）。

ロ　農産物の収穫

農業を営む者が農産物を収穫した場合，収穫した時にその時の価額により事業所得の総収入金額に算入される。これを販売したときは，収穫した時の価額が取得価額になる。これも自家消費を想定した規定である（所得税法第41条）。

ハ　家事費および家事関連費

所得税は個人の経済活動を対象としているため，個人の家事（生活）上の費用と事業等の経費が混在していることが多い。このため所得税法は，必要経費に算入できない支出を定めている（所得税法第45条）。

必要経費に算入できないのは次のものである。

家　事　費（自己または家族の生活費や交際費，医療費，住宅
　　　　　費等）

家事関連費（店舗兼用住宅の地代，家賃，火災保険料，水道光
　　　　　熱費等）

所得税，住民税，相続税等

罰金，科料，過料，交通反則金，課徴金等

損害賠償金（家事上の損害賠償金，業務上の故意または重大な
　　　　　過失による損害賠償金）

　なお，家事関連費については，業務の遂行上必要であり，か
つその部分を明らかに区分することができる場合は，必要経費
に算入される。

ニ　親族が事業から受ける対価

　事業主と生計を一にする配偶者その他の親族が事業に従事し
たことその他の事由によりその事業から対価の支払を受ける場
合，その金額は必要経費に算入されない。その親族がその対価
に係る各種所得の計算上，他に支払った必要経費とされるもの
がある場合は，その金額は事業主の事業の必要経費に算入され
る（所得税法第56条）。

　なお，事業に専従する親族がある場合には，青色事業専従者
給与と事業専従者控除の制度が設けられている（所得税法第57
条）。

ホ　資産損失

　所得税法では，資産に係る損失について，その資産の用途，
損失の発生原因などにより，特定のものに限って必要経費に算
入することとしている（所得税法第51条）。

事業用固定資産等の損失　　不動産所得，事業所得または山
　　　林所得を生ずべき事業の用に供される固定資産等について
　　　取りこわし，除却，滅失等により生じた損失の金額はその
　　　年分の必要経費に算入する。

　　　事業に至らない業務用資産の損失　　不動産所得または雑所
　　　得を生ずべき業務用の資産について生じた損失の金額は，
　　　不動産所得の金額または雑所得の金額を限度として，その
　　　年分の必要経費に算入する。

　ヘ　貸倒損失

　　　不動産所得，事業所得，山林所得を生ずべき事業について，
　　売掛金，貸付金，前渡金その他これに準ずる債権の貸倒れによ
　　って生じた損失は，その年分の必要経費に算入する（所得税法
　　第51条）。

(4)　引当金および準備金

　　所得税法では必要経費に算入される費用は，債務が確定してい
　るものであるのが原則で，費用の見越し計上は認められない。し
　かし，青色申告をする者は，帳簿が整備され正確な会計処理が担
　保されているため，会計的見地からの費用の期間配分と税負担の
　平準化および政策的目的で，種々の引当金，準備金が認められ，
　その繰入額，積立額が必要経費に算入される。引当金は所得税法
　により，準備金は租税特別措置法により定められている。これら
　も別段の定めの一つの類型である。

　　引当金，準備金は次のものである。

　　　貸倒引当金，退職給与引当金，特定災害防止準備金，特定船
　　舶に係る特別修繕準備金，探鉱準備金，農業経営基盤強化準

備金

5. 損益通算

　10種類に区分された各種所得は，それぞれ個別に計算されるが，すでに見たように退職所得，山林所得以外のものは一定の手順で合計されて総所得金額となる。

　その際，各種所得の中に損失となる所得があるとき，他の所得から控除できるのか，また総所得金額に損失が生じたとき退職所得金額，山林所得金額にどのように影響するのか等が問題となる。これが損益通算の問題である。所得税法は，通常損失が発生する可能性のある不動産所得，事業所得，山林所得，譲渡所得について損失が発生したときに，その損失を他の所得から控除すなわち減算することを認めている。この4種類の所得以外の配当所得，一時所得，雑所得についても損失が発生する可能性があるが，所得もしくは損失の発生原因となる行為が，趣味娯楽に関するものであったり，支出の内容が家事関連費的なものが多い等の理由で，他の所得との通算は適当でないと考えられ，他の所得から控除することは認められていない。

　損益通算する場合の順序は次のとおりである（所得税法第69条　所得税法施行令第198条）。

一次通算

　経常所得グループ　不動産所得または事業所得の損失は，まず他の利子所得，配当所得，不動産所得，事業所得，給与所得，雑所得から控除する。

　臨時所得グループ　譲渡所得の損失は，まず一時所得から控除する。

二次通算

　経常所得グループで控除しきれない損失は，短期譲渡所得，長期譲渡所得および一時所得から順次控除する。臨時所得グループで控除しきれない損失は，経常所得グループから控除する。

三次通算

　二次通算で控除しきれない損失は，順次山林所得，退職所得から控除する。

　山林所得の損失は，経常所得グループ，短期譲渡所得，長期譲渡所得，一時所得および退職所得から順次控除する。

　この順序は，総所得金額の計算に関する規定，山林所得の税額計算に関する規定，退職所得が通常源泉徴収により課税関係が終了すること等との整合性を考慮して定められているものである。所得の性質および納税者の負担を考慮すると，合理的な順序であるといえよう。

〈参　考〉

　　損失の繰越控除

　　　所得金額の計算は1暦年ごとに計算し，そこで損失が生じたときは翌年には影響させないのが原則である。しかし，青色申告の場合や雑損失が生じた場合等一定の場合には，損失の発生による担税力の減少を考慮して，翌年以降3年間（一定の場合5年間）の繰越控除を認めている（所得税法第70条，第70条の2，第71条）。

6.　所得控除

　所得控除とは，納税者の個人的事情により担税力に差があることを税額に反映させるため，課税標準から控除されるものであり，所得税法第72条から第87条までの規定が定める。所得税法の定める課税標準

は，総所得金額，退職所得金額，山林所得金額であるが，税率を乗じる対象となるのは，課税標準から所得控除を差し引いた課税総所得金額，課税退職所得金額，課税山林所得金額である。所得控除は担税力の差を税額に正確に反映させる点で，所得税の長所の一つとされるものである。

(1) 所得控除の分類と内容

　　所得控除は現在15種類あるが，制度の目的により4つに分類することができる。分類および各控除の内容は，次のとおりである。

　イ　最低限度の生活費に配慮したもの

　　　基礎控除　　合計所得金額2,400万円以下48万円
　　　　　　　　　合計所得金額2,400万円超2,450万円以下は32万円，2,450万円超2,500万円以下は16万円，2,500万円超は0円

　　　扶養控除　　控除対象扶養親族（16歳以上の者）1人につき38万円
　　　　　　　　　特定扶養親族（年令19歳以上23歳未満）1人につき63万円
　　　　　　　　　老人扶養親族（年令70歳以上）1人につき48万円等

　　　配偶者控除　控除対象配偶者（合計所得金額48万円以下の者）につき居住者の合計所得金額900万円以下の場合38万円，900万円超950万円以下26万円，950万円超1,000万円以下13万円1,000万円超0円

年齢70歳以上の控除対象配偶者の場合，各48万円，32万円，16万円となる。

配偶者特別控除　合計所得金額が48万円超で133万円以下である配偶者（居住者の合計所得金額1,000万円以下）につき，居住者の合計所得金額と配偶者の合計所得金額に応じて38万円から1万円　一方の配偶者について認められる。

ロ　追加的生活費に配慮したもの

障害者控除　居住者が障害者の場合27万円（特別障害者である場合40万円）

配偶者または扶養親族が障害者の場合1人につき27万円（特別障害者である場合40万円）

居住者または配偶者等との同居を常況としている特別障害者75万円

寡婦控除　27万円

夫と離婚または死別した後婚姻していない者のうち合計所得金額500万円以下でひとり親でない者

ひとり親控除　35万円

現に婚姻していない者のうち合計所得金額500万円以下で子を有する者

勤労学生控除　27万円

ハ　社会政策上の要請によるもの

社会保険料控除 健康保険の保険料，労働保険の保険料，国民年金の保険料，厚生年金の保険料等のその年中に支払った額の全額

小規模企業共済等掛金控除 その年中に支払った掛金の全額

生命保険料控除 一般の生命保険料と個人年金保険料に区分し，いずれも５万円（平成24年１月１日以後締結分は４万円）を限度に，支払額に応じて定められた額

地震保険料控除 地震保険契約等に係る地震等損害部分の保険料等（最高５万円）と平成18年12月31日までに締結した長期損害保険契約の保険料等の支払額に応じて定められた額（最高１万５千円）の合計額（最高５万円）

寄 附 金 控 除 特定寄附金の額（合計所得金額の40％を超えることはできない。）から２千円を差し引いた金額

ニ　特別の担税力の減少に配慮したもの

雑 損 控 除 損失の金額から合計所得金額の10分の１の額を差し引いた金額

（災害関連支出が５万円を超えるときは別の計算で控除額が大きくなる場合がある。）

医 療 費 控 除 医療費から合計所得金額の５％（10万円を超えるときは10万円）を差し引いた金額（200万円限度）

障害者，老年者，寡婦（寡夫），勤労学生，控除対象配偶者，

扶養親族等に該当するかどうかの判定はその年の12月31日の現況による。

〈参　考〉

1．　合計所得金額とは，総所得金額，退職所得金額，山林所得金額の合計額をいう（所得税法第2条1項30号）。

2．　扶養親族とは，居住者の親族（配偶者を除く。）のうち合計所得金額が48万円以下の者をいう。

(2)　所得控除の順序

所得控除の順序は，まず雑損控除を①総所得金額②山林所得金額③退職所得金額の順序で差し引く。雑損控除を他の所得控除に先だって差し引くのは，雑損控除がそれらの所得金額から引ききれないときは，その金額を控除不足として翌年以降3年間（一定の場合5年間）に繰り越して差し引くことが認められているからである。

雑損控除を差し引いた後に所得の金額があるときは，残りの控除の合計額を同じ順序で差し引く。総所得金額，山林所得金額，退職所得金額から所得控除を控除したのちの金額を課税総所得金額，課税山林所得金額，課税退職所得金額という。

7.　税額計算

所得税の税率は，明治20年の所得税導入時には1％から3％の5段階の全額累進税率が採用された。大正2年に法人の所得，公社債の利子以外の第三種所得について初めて超過累進税率が採用された。昭和22年の所得税法の改正では，20％から75％の12段階の超過累進税率が採用された。翌昭和23年の改正で最高税率が85％とされたが，シャウ

プ勧告に基づく昭和24年の改正では，富裕税が導入された関係で最高税率が55％と引き下げられた。その後富裕税の廃止とともに，最高税率は昭和28年65％，昭和32年70％，昭和44年75％と引き上げられた。しかし，昭和59年に税制全体の見直しが検討される中で，所得税の負担軽減の一環として，最高税率が70％に引き下げられ，その後昭和62年に60％，昭和63年の抜本的税制改革で50％，平成11年37％と引き下げられた。平成18年の改正では，地方税と調整し最高税率40％とし平成24年の改正で最高税率45％，所得区分7の現行の税率構造とした。

　所得税の税率については，2で述べたところであるが，実務においては課税総所得金額，課税退職所得金額に対する税額を次の速算表により算出する。

所得税の速算表

課税される所得金額	税率	控除額
1,000円～1,949,000円	5％	0円
1,950,000円～3,299,000円	10％	97,500円
3,300,000円～6,949,000円	20％	427,500円
6,950,000円～8,999,000円	23％	636,000円
9,000,000円～17,999,000円	33％	1,536,000円
18,000,000円～39,999,000円	40％	2,796,000円
40,000,000円以上	45％	4,796,000円

〈参　考〉

　漁獲から生ずる所得，著作権の使用料から生ずる所得等の変動の激しい変動所得や，プロ野球選手の契約金のような臨時に発生する臨時所得については，累進税率緩和のため，特別な税額計算が行われる（所得税法第90条）。

8. 税額控除

　税額控除とは，算出された税額から一定の金額を控除するものである。所得税法の定める税額控除は，法人税および外国の所得税との二重課税を調整するための配当控除と外国税額控除が主なものである。

　税額控除は，課税総所得金額に係る税額，課税山林所得金額に係る税額，課税退職所得金額に係る税額の順序で控除する。

(1) 配当控除（所得税法第92条）

　　配当控除は，納税者が内国法人から受ける配当所得を有する場合に，認められるものである。これは，法人の所得を株主または社員の所得と観念する考え方に立ち，配当は法人税の課税された所得の分配であるので，さらに所得税を課すのは二重課税となると考えるものである。この二重課税の調整について，現行の所得税法は，税額控除としての配当控除により調整している。

　　配当控除の内容は次のとおりである。

　　　課税総所得金額が1,000万円以下の場合

　　　　配当所得の10%を控除

　　　課税総所得金額が1,000万円を超える場合

　　　　配当所得により1,000万円を超えることとなるときは，超える部分の配当所得の5%と超えない部分の配当所得の10%の合計額を控除

(2) 外国税額控除（所得税法第95条）

　　日本の居住者が，外国において事業を行い，または外国の法人から利子，配当の支払を受ける等の場合には，外国において所得税を課せられることが多い。この場合，外国に源泉のある所得についてもわが国の所得税が課せられるため，何らかの措置をとら

ない限り外国所得税とわが国の所得税の二重課税となる。そして
このような二重課税は，国際的取引を円滑に行う観点から避けら
れるべきものと考えられている。そのため，一定の範囲の外国所
得税額を，算出された所得税額から控除するものが外国税額控除
である。

外国税額控除は，居住者が外国所得税を納付する場合には，一
定の控除限度額以内の外国所得税の額をその年分の所得税額から
控除するものである。従来，その限度額の計算は次のとおりであ
った。

$$控除限度額＝その年分の所得税 \times \frac{国外所得総額}{全世界所得総額}$$

平成26年の所得税法改正により，外国に源泉がある所得につ
いて国外源泉所得を列挙して定義を明確にし（所得税法第95条第
4項），その中心を居住者の国外にある恒久的施設帰属所得とし
た。そして，国外源泉所得のみに所得税を課税するものとした場
合に課税標準となる金額を国外所得金額と定め（所得税法第94条
第1項），これに対応する金額が控除限度額となり，前述の控除
限度額計算式の国外所得総額が国外所得金額となる。

従来の限度額の計算と考え方は同様であるが，国外源泉所得が
明確にされたことから，より正確になったといえる。

控除限度額を超える外国所得税額は，3年間繰り越すことがで
きる。控除限度額に余裕がある場合は控除余裕額も3年間繰り越
すことができる。

外国税額控除を受けるためには，その外国所得税額を必要経
費または支出した金額に算入することはできない（所得税法第46

条)。しかし，外国税額控除の適用を受けずに，外国所得税額を
必要経費または支出した金額に算入することを選択することはで
きる。

〈参 考〉

1. 令和6年分定額減税の税額控除

令和6年分の所得税については，合計所得金額1805万円以下
の居住者について，特別税額控除が認められる。その額は居住
者3万円，その配偶者3万円および扶養親族1人につき3万円
を合計した金額である（租税特別措置法第41条の3の3）。6
月以降の給与の源泉徴収と6月以降の予定納税から実施され
る。

2. 国外源泉所得

所得税法における国外源泉所得とは，①居住者の国外事業所
等（恒久的施設に相当するもの）に帰せられるべき所得，②国
外にある資産の運用または保有による所得，③国外にある資産
の譲渡による所得，④国外における人的役務の提供の対価，⑤国
外にある不動産の貸付け，非居住者・外国法人に対する船舶若
しくは航空機の貸付けの対価，⑥外国の国債，外国法人の債権
の利子，外国法人からの配当，貸付金の利子，⑦国外で業務を行
う者から受ける工業所有権，著作権の使用料またはその譲渡の
対価，⑧国外で行う勤務に対する給与，報酬，年金等々である
（所得税法第95条第4項）。

9. 申告・納付・還付

所得税は，納税義務が暦年の終了の時に成立し，申告納税方式によ
り納税申告書を提出することにより税額が確定する。しかし，所得税
の納付を容易にするためと，国の財政収入が1度に集中するのを避け

るため，所得税の申告，納付については，次のような制度が設けられている。

(1) 予定納税（所得税法第104条）

　所得税は，納税義務者が，毎年継続的に納税義務者になることが多いことから，前年の実績により予め分割して納付することとされており，これを予定納税という。

　すなわち居住者は，予定納税基準額が15万円以上であるときは，第一期（7月1日から31日まで），第二期（11月1日から30日まで）に予定納税基準額の3分の1を納付する義務がある（所得税法第104条）。予定納税に係る所得税は，6月30日を経過する時に成立し（国税通則法施行令第5条），特別の手続を要しないで納付すべき税額が確定する。

　予定納税基準額とは，前年の課税総所得金額（臨時的所得を除く。）に係る所得税の額から，そのうちの源泉徴収された所得税の額を減算したものである。

　税務署長は5月15日の現況で予定納税基準額および各期の予定納税額を計算し，居住者に通知する。

　居住者はその年の現況により，予定納税額の減額の承認を申請することができる。

(2) 確定申告（所得税法第120条）

　居住者は，暦年1年間の所得が所得控除を超え，税額が算出され，その税額が配当控除の額を上回るときは，第三期（翌年2月16日から3月15日まで）に，税務署長に申告書を提出しなければならない。これを確定申告といい，確定申告書には，次のような事項を記載する。

その年分の総所得金額，退職所得金額，山林所得金額

雑損控除その他の控除の額

課税総所得金額，課税退職所得金額，課税山林所得金額または
　純損失の金額

所得税の額（外国税額控除を控除しきれない場合は控除しきれ
　なかった金額）

所得税の額から源泉徴収税額を控除した金額（控除しきれない
　場合は控除しきれなかった金額）

所得税の額から予納税額（予定納税額等）を控除した金額（控
　除しきれない場合は控除しきれなかった金額）

　申告した税額は申告期限までに納付されなければならない（所
得税法第128条）。所得税の額から控除しきれなかった外国税額控
除，源泉徴収税額および予納税額は還付される。

〈参　考〉

　　1．　所得税の青色申告は，不動産所得，事業所得または山林所得を
　　　生ずる業務を行う居住者について認められる（所得税法第143条）。
　　2．　源泉徴収税額または予定納税額の還付を受けるための申告書
　　　は，翌年1月1日から提出できる。

10．源泉徴収制度

　源泉徴収制度とは，特定の所得について，金銭等の支払をする者を
源泉徴収義務者とし，特定の支払について定められた税率の所得税
を，支払う金銭等から差し引いて徴収し，納付させる制度である。源
泉徴収義務者が租税債務者となるが，その税額は源泉徴収するので，
通常は，税金を負担することはない。支払の受領者は，源泉徴収され

る前の金額を収入金額として税額を計算し，確定申告をする必要があるが，その際，所得税の額から源泉徴収された税額を控除する。

　所得税法は，申告納税制度を建前としているが，給与所得，利子所得，配当所得を中心に，大幅に源泉徴収制度を取り入れている。その理由は，税の負担感が少ないこと，確実に所得を把握できること，徴税上簡潔であること，歳入が平準化できること等による。

　一方，一定税率により源泉徴収された所得について，他の所得と合計せずに源泉徴収で課税関係を終了させる源泉分離課税方式が導入されているが，これに係る所得が大きくなると，累進税率の適用が歪められることになる。

(1)　源泉徴収すべき所得

　イ　利子所得および配当所得の源泉徴収

　　　利子等については，その金額の15％を源泉徴収する（所得税法第182条）。利子所得については，租税特別措置法第3条により所得税法の規定に関わらず，他の所得と区分し，支払を受けるべき金額の15％の税率を適用して所得税を課することとされている。したがって，現在，利子所得については所得税を源泉徴収されることによって，課税関係は終了する。源泉分離課税の一例である。

　　　なお，利子等については，道府県民税の利子割5％が同時に徴収される。

　　　配当等については，その金額の20％を源泉徴収する（所得税法第182条）。一定の上場株式等については特別措置により15％で源泉徴収する（租税特別措置法第9条の3）。

　　　配当所得は，総所得金額に合計される。源泉徴収された税額

は算出された税額から控除される。

　ただし，上場株式の配当等および一定の小口配当は，確定申告に際して総所得金額に合計しないことができる（租税特別措置法第8条の5）。

ロ　給与所得の源泉徴収

　給与等の支払については，その支払のつど支払者が控除対象配偶者の有無，扶養親族の数を把握し，その数と支給額により税額が定められた「給与所得の源泉徴収税額表」を適用して所得税を源泉徴収する。しかし，給与の改定，扶養親族の増減，賞与の額等により年内の源泉徴収税額表による税額の合計額が，受給者の給与所得に対する税額と一致することにはならない。したがって，その年最後の給与等の支払時に，給与所得者から提出されている扶養控除等申告書に基づきその年分の税額を算定して，すでに徴収した税額との過不足を調整して源泉徴収する。これを年末調整という。年末調整により，ほとんどの場合，受給者の給与所得に対する所得税と同じ金額が源泉徴収されるため，給与所得者は，給与等の金額が2,000万円を超える場合，給与以外の所得が20万円を超える場合等を除き確定申告を要しないこととされている。

　ただし，年末調整で考慮されない医療費控除，雑損控除等の適用を受ける場合は，確定申告をすることにより，過大であった源泉徴収税額分の還付を受けることができる。

ハ　その他の源泉徴収

　(イ)　退職所得

　　退職所得については，退職者の提出する退職所得の受給に

関する申告書に基づき，支払者が税額を計算してその金額を源泉徴収する。これにより源泉徴収された場合，確定申告は要しない。受給に関する申告書が提出されていない場合は，退職手当等の金額の20％を源泉徴収する。この場合は，確定申告を要する。

㈹　公的年金

公的年金等の受給者の扶養親族等申告書の提出がある場合は，公的年金等の金額から社会保険料と申告書に基づき算定される一定の控除額を控除した金額の5％を源泉徴収する。その申告書の提出が無い場合は，公的年金等の金額からその25％相当額を控除した金額の10％を源泉徴収する。

㈺　報酬・料金等

原稿料，講演料，デザイン料，弁護士の報酬，公認会計士の報酬，税理士の報酬，プロレスラーの報酬，モデルの報酬等の支払者は，1回の支払金額の10％（100万円を超える部分は20％）の源泉徴収をしなければならない。司法書士の報酬，社会保険診療報酬，集金人等の報酬や料金については一定額を差し引いた額の10％を源泉徴収する。他に生命保険契約に基づく年金等が定められている。

(2)　源泉徴収の法律関係

源泉徴収制度は，一般に納付の形態と考えられており，受給者の税を支払者が受給者に代わって納付するもの，または支払者が国の代行として徴収するものと理解されている。また，給与所得については，年末調整により受給者の税額がほぼ正確に源泉徴収されることから，ほとんどの給与所得者について確定申告が不要

とされている（所得税法第121条）。これも支払者である源泉徴収義務者が代わりに税金を納付しているとの意識を強めるものである。

　しかし，所得税法は，源泉徴収義務者たる支払者が納付すべき税額は，支払者からのみ徴収することとし，受給者から徴収することはできないこととしている。また，誤って過大に徴収された源泉徴収税額は，受給者の確定申告で清算することができず，このような場合は，受給者が支払者に支払不足分を請求すべきであり，その訴訟は民事訴訟と解されている。さらに，国税通則法は，歴年の終了時に納税義務が成立する所得税と異なり，源泉徴収による所得税の納税義務は，支払の時に成立し確定すると定めている（国税通則法第15条）。

《源泉徴収の関係図》

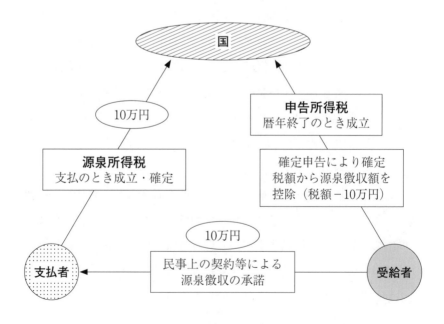

以上のことから，源泉徴収義務者の納付の義務は，支払者に独自に成立する納税義務であり，受給者に成立する納税義務とは別の納税義務と解される。すなわち，所得税法は，申告所得税と一定の支払いを課税要件とする源泉所得税の二種類の所得税を定めていると考えられる。

　弁護士，税理士等の報酬から源泉徴収された正当な税額は，弁護士，税理士等の事業所得の確定申告において，算出された所得税額から減算される。給与所得者は，給与等の金額が2,000万円以下で他の所得が20万円以下等の場合は，確定申告をする必要がなく，この場合は，源泉徴収された税額がその年分の所得税額とみなされている（所得税法103条）。このように，給与所得者についても，申告所得税としての税額が確定され，事業所得者と同様の地位が法定されているといえよう。

　ただし，源泉所得税の法律上の納税義務は支払者にあるが，経済的には受給者が負担することを前提としており，支払者が納付した税額を源泉徴収していなかった場合は，支払者は税額に相当する金額を受給者に請求することができる（所得税法第222条）。その支払者と受給者の関係は，私法上の関係と解される。

〈参　考〉

　　最高裁平成4年2月18日第三小法廷判決（民集46巻2号77頁）は，「所得税法上，源泉徴収による所得税（以下「源泉所得税」という。）について，徴収・納付の義務を負う者は源泉徴収の対象となるべき所得の支払者とされ，原判示のとおり，その納税義務は，当該所得の受給者に係る申告所得税とは別個のものとして成立，確定し，これと併存するものであり，」したがって，源泉徴収による

過大徴収の誤りにつき，確定申告で過不足の清算を行うことは，所得税法の予定するところでないとする。

11. 復興特別所得税

　平成23年に発生した東日本大震災からの復興財源を確保するため，同年12月に「東日本大震災からの復興のための施策を実施するために必要な財源の確保に関する特別措置法」が制定された。同法により平成25年から令和19年までの各年分について，基準所得税額（外国税額控除前の所得税額）を課税標準とし，税率を2.1％とする復興特別所得税が創設された。所得税の確定申告書を提出する者は，その提出期限までに復興特別所得税申告書と所得税確定申告書（併合様式）を併せて提出し，所得税と併せて納付しなければならない。源泉徴収義務者は，徴収して納付すべき所得税額の2.1％の復興特別所得税を，所得税と併せて徴収して納付しなければならない。給与等に係る源泉徴収の復興特別所得税額は，財務大臣が定める表による。

　以上のほか，税務調査および更正・決定等も所得税と一体として行われるため，復興特別所得税は，所得税と異なる別の税として規定されているが，実質的には所得税率を引き上げたと同様の効果を有している。

第二章　相　続　税　法

1.　相続税および贈与税の概要

　相続税法は，相続税と贈与税について定める法律である。相続税は個人が相続により取得した財産に課される税であり，贈与税は個人が贈与により取得した財産に課される税である。贈与税は生前贈与により相続税を回避することを防止する役割を果たしており，相続税を補完するものとして相続税法に定められている。

　相続税・贈与税の税収は，令和6年度予算では，3兆2,920億円であり，租税及印紙収入の総額74兆7,879億円の4.4%を占めている。相続税の納税人員は33万人，贈与税の納税人員は39万人の見込みである。

　相続税は相続により財産が被相続人から相続人に移転することを捉えて課税するものであるが，相続税を課税する根拠については次の二説がある。一つは相続人が，対価無く多額の財産を取得することに担税力を見る考え方（偶発的所得説）である。他の一つは被相続人が財産を蓄積するに当たっては，税制上の特典の利用や課税の回避等があったであろうから，一生の所得税を清算するものであるとの考え方（補完説）である。現実には，補完説の意味もあると考えるが，現行法は偶発的所得説に則しているといえよう。

　所得を包括的に捉える考え方からすれば，財産の相続も所得として捉え，所得税を課税することも考えられる。しかし，相続のような包括的承継については，所得税としてではなく，別の相続税として財産

に課税することが適当と考えられている。所得税法は，相続，遺贈，個人からの贈与により取得するものを非課税所得としている（所得税法第9条第1項第16号）。

相続税の課税方式には次の二種類がある。

遺 産 課 税 方 式　被相続人の遺産全体の額に対して累進税率により課税する。この方式は，遺産が相続人にどのように分割されても税額が変わらないため，作為的な分割を防止でき，執行が容易である。

遺産取得課税方式　相続人等の取得した財産の額に応じて累進税率で課税する。この方式は，担税力に応じた負担という点で優れており，また，分割を促進し，富の集中を排除するのに有効である。しかし，どのように分割されるかにより全体の税額が変わるため，作為的な分割が行われやすい。

わが国では，明治以来，遺産課税方式であったが，昭和25年の改正で遺産取得課税方式を採用した。昭和33年には，遺産取得課税方式を建前としつつ，遺産課税方式の長所を取り入れた法定相続分課税方式に改められ，現在に至っている。

相続税は，最高税率55％の超過累進税率が採用されており，その結果，一部の者への富の集中が抑制され，富の再分配が図られている。

〈**参　考**〉

相続税法は明治38年に創設され（日露戦争戦費のための増徴であったが，恒久的な法律として制定），昭和22年に民法の改正による家督

相続の廃止に伴い新相続税法が制定された。さらに昭和25年シャウプ勧告に基づく相続税法が制定され，昭和28年の改正で相続税と贈与税を分離したのが現行の相続税法である。

2．相続税額の計算

　相続税額の計算は，遺産の分割の仕方により遺産総額に係る相続税額が異なることになる遺産取得課税方式の難点を修正するため，次のような込み入った計算により算出する。すなわち，相続または遺贈により財産を取得した個人ごとに，財産の価格を算定し，同一被相続人から受けた各個人の財産を合計して遺産額を算出する。この遺産額を民法に定める相続人が，民法に定める相続分に応じて取得したものとして，相続人ごとに税額を算定し，各相続人の税額を合計して相続税の総額を算出する。この相続税の総額を現実の財産の取得の割合に応じて配分することにより各個人の相続税額を算出する（相続税法第11条）。

　(1)　各人の課税価格

　　　相続税の課税標準となるべき取得した財産の合計金額を課税価格という。課税価格は，各相続人，受遺者ごとに計算し，これを各人の課税価格という。分割されていない財産がある場合は，民法の規定による相続分に従ってその財産を取得したものとして課税価格を計算する。

　　　課税価格は，相続または遺贈により取得した財産および相続または遺贈により取得したとみなされる財産（生命保険金，退職手当金等）の価額の合計額から債務控除をし，相続開始前7年以内の贈与または相続時精算課税制度の適用を受けた贈与を加算した

金額である。

　墓所，生命保険金および退職手当金の一定額等は非課税財産とされ，課税価格に算入しない（相続税法第12条）。債務控除は，被相続人の債務または葬式費用のうちその者の負担する部分の金額を財産の価額から控除するものである（相続税法第13条）。相続開始前7年以内の贈与を加算するのは，相続を見越した贈与により税負担が異なることになるのは，好ましくないことから，その可能性のある7年以内の贈与を相続財産に加算して計算するものである（相続税法第19条）。すでに課税された贈与税額は，算出された相続税額から控除される。

〈参　考〉

　　各人の課税価格＝取得財産＋みなし相続財産－非課税財産
　　　　　　　　　　－債務・葬式費用＋7年以内の贈与財産または
　　　　　　　　　　相続時精算課税制度の適用を受けた贈与財産

(2)　相続税総額の計算

　相続税総額を計算するには，まず，各人の課税価格の合計額から基礎控除額を控除し，いわば課税遺産総額を算出する。遺産に係る基礎控除額は，3,000万円と600万円×法定相続人の数を合計した金額である。次いで，課税遺産総額を法定相続人が，民法の規定により相続分に応じて取得したものとした場合の各取得金額を算出する。相続人ごとの法定相続分に対応する取得金額に相続税の税率を適用して，相続人ごとの税額を算出する。

　税率は10％から55％までの超過累進税率であり，実務では，次の速算表により計算する。

法定相続分対応額	税率	控除額
1,000万円以下	10%	0万円
3,000万円以下	15%	50万円
5,000万円以下	20%	200万円
1億円以下	30%	700万円
2億円以下	40%	1,700万円
3億円以下	45%	2,700万円
6億円以下	50%	4,200万円
6億円超	55%	7,200万円

　全ての法定相続人についての税額を合計したものが相続税の総額である。すなわち，現実の分割とは無関係に，遺産全体に対する相続税額を決めるものであり，その意味で，遺産課税方式の長所を生かせるよう，遺産取得課税方式を修正した方式となっている。

(3)　各人の相続税額

　各人の相続税額は，相続税の総額に課税価格の合計額のうちに各人の課税価格の占める割合を乗じて算出した金額である（相続税法第17条）。

　ただし，その者が被相続人の一親等の血族および配偶者以外の者である場合は，算出した金額に20％を加算した金額がその者の相続税額となる（相続税法第18条）。

　また，税額を軽減する措置として次のものがある。

イ　配偶者に対する税額軽減

　配偶者の相続税額については，配偶者が被相続人の財産形成に寄与したと考えられること，また被相続人と同世代であるこ

とから，次のような相続税額の軽減措置がとられている（相続税法第19条の2）。

税額軽減額（税額を限度）＝相続税の総額

$$\times \frac{\text{配偶者の法定相続分相当額}}{\text{課税価格の合計額}}（1億6,000万円未満の場合は1億6,000万円）$$

ロ　贈与税額控除

　相続税法第19条の規定により，3年以内の贈与財産を課税価格に加算した者または相続時精算課税適用者は，その贈与財産につき課税された贈与税額を相続税額から控除することができる（相続税法第19条，第21条の15）。

ハ　未成年者控除

　財産を取得した者が満18歳未満である場合は，その者が成年に達するまでの養育費の負担を配慮して一定の控除額を相続税額から控除することができる（相続税法第19条の3）。控除額は次のとおりである。

控除額＝10万円×(18歳－その未成年者の年齢

(1年未満は1年))

ニ　障害者控除

　財産を取得した者が障害者である場合は，障害者の福祉の増進のため一定の控除額を各人の相続税額から控除することができる（相続税法第19条の4）。

　控除額は次のとおりである。

控除額＝10万円（特定障害者は20万円）

×(85歳－その障害者の年齢)

ホ　相次相続控除

　　10年以内に２回以上相続が開始し，相続税が課せられる場合
　には，第一次相続に係る相続税の一定割合を相続税額から控除
　できる（相続税法第20条）。控除額は次のとおりである。

$$控除額 = A \times \frac{C}{B - A} \times \frac{D}{C} \times \frac{10 - E}{10}$$

　　　A　二次相続の被相続人の一次相続時の相続税

　　　B　被相続人が取得した財産の価額

　　　C　二次相続の課税価格の合計

　　　D　二次の控除対象者の取得した財産の価額

　　　E　二次までの年数（端数は切り捨て）

　ヘ　在外財産に対する相続税額の控除

　　外国にある財産についても課税価格に算入されるのである
　が，外国にある財産については外国の相続税が課税される場合
　がある。その場合には二重課税を避けるため外国税額の一定額
　を，その財産を取得した者の相続税額から控除できる（相続税
　法第20条の２）。

(4)　申告と納付

　相続税は，相続の開始があったことを知った日の翌日から10月
以内に申告し，納付しなければならない（相続税法第27条，第33
条）。相続税については，延納と物納の制度が設けられている
（相続税法第38条，第41条）。

3．贈与税額の計算

贈与税は，贈与により財産を取得した者に対して，その年中に贈与

により取得した財産の価額の合計額を課税価格として課税される（相続税法第21条，第21条の2）。贈与契約による贈与ではない経済的利益の供与も，みなし贈与として課税価格に算入される。生命保険金，財産の低額譲受けによる利益，債務免除等である。

　相続税の補完税であるとの考えから，相続の起こり得ない法人からの贈与は，贈与税の非課税財産とされている。法人からの贈与は，一時所得として所得税の対象となる。また，法人からの贈与の他，非課税財産として扶養義務者間の通常必要な生活費・教育費等が定められている（相続税法第21条の3）。

　贈与税額は，課税価格から基礎控除110万円（租税特別措置法第70条の2の4）を控除した金額に税率を乗じて算出する。

　婚姻期間20年以上である配偶者から，居住用不動産の贈与またはその取得のための金銭の贈与を受けた場合には，課税価格から2,000万円までの金額を控除できる（相続税法第21条の6）。これを配偶者控除といい，夫婦間の財産形成が互いの協力によるものであること，夫婦間の贈与が老後の生活保障として行われる場合が多いことから，昭和41年の改正により設けられたものである。

　贈与税の税率は，10％から55％までの超過累進税率である。相続税の回避を防ぐ観点と，親子などの特別の関係に基づかない関係での贈与については，担税力が大きいと考えられることから，贈与税率は相続税，所得税より高い税率となっている（相続税法第21条の7）。実務では，次の速算表により計算する。

基礎控除後の課税価格	税率	控除額
200万円以下	10%	0円
300万円以下	15%	10万円
400万円以下	20%	25万円
600万円以下	30%	65万円
1,000万円以下	40%	125万円
1,500万円以下	45%	175万円
3,000万円以下	50%	250万円
3,000万円超	55%	400万円

　外国にある財産の贈与を受けた場合，その財産も課税価格に算入されるのであるが，外国にある財産については外国の贈与税が課税される場合がある。その場合には二重課税を避けるため外国税額の一定額を贈与税額から控除できる（相続税法第21条の8）。

　贈与税は，翌年の2月1日から3月15日までに申告し，納付しなければならない（相続税法第28条，第33条）。

〈参　考〉

1.　平成27年1月1日以後，贈与税の税率は，200万円以下10％から3,000万円超55％の8段階の税率と20歳以上の者が直系尊属から贈与を受けた場合の200万円以下10％から4,500万円超55％の8段階の税率（租税特別措置法第70条の2の5）の2本立となっている。

2.　相続時精算課税制度

　　贈与税は相続税の回避を防ぐ目的があるが，相続税の課税が予想されないような場合にも贈与税が課される矛盾を緩和し，財産の世代間移転を円滑にするために，平成15年から導入された制度である。制度の概要は次のとおり。

相続時精算課税適用者（相続税法第21条の9）

20歳以上の者で，特定贈与者（60歳以上の直系尊属）から贈与を受け，相続時精算課税の適用を税務署長に届け出たもの。

贈与税の課税（相続税法第21条の12，第21条の13）

特定贈与者ごとに，贈与財産について2,500万円を限度の特別控除（前年以前に使用した特別控除は減算される。）が認められる。控除後の課税価格に対し20％の比例税率で贈与税が課税される。

相続税の課税（相続税法21条の15）

特定贈与者が死亡したときは，適用を受けた贈与財産全てにつき贈与時の価格で相続税の課税価格とみなされ，他の相続財産と合計して相続税が計算される。過去に納付した贈与税額は相続税額から控除される。控除しきれなかった贈与税額は還付される。相続税が課されない場合は，納付した贈与税額は全額還付される。

なお，租税特別措置法第70条の2により，直系尊属からの住宅取得資金等の贈与については，受贈者の合計所得金額が2,000万円以下の場合，別途1,200万円等の住宅資金非課税限度が設けられている。

3．教育，結婚・子育て資金の一括贈与の非課税

令和8年3月31日までの間に，30歳未満の者の教育資金に充てるため直系尊属が金銭等を金融機関に信託等をした場合，合計所得金額1,000万円以下の者1人につき1,500万円までは，その利益に対し贈与税が課されない（租税特別措置法第70条の2の2）。

また，令和7年3月31日までの間に20歳以上50歳未満の者が，直系尊属から結婚・子育て資金の信託受益権を取得した等の場合，合計所得金額1,000万円以下の者1人につき1,000万円までは贈与税が課されない（租税特別措置法第70条の2の3）。

4．財産の評価

相続税または贈与税の課税標準たる課税価格は，相続または贈与に

より取得した財産の価額の合計額である。しかし，相続または贈与による財産の取得は，無償により取得するものであるのでその財産の価額がいくらであるかは明らかでない場合が多い。したがって，その財産の価額を評価する必要がある。相続税法は，「相続，遺贈又は贈与により取得した財産の価額は，当該財産の取得の時における時価により，当該財産の価額から控除すべき債務の金額は，その時の現況による。」と定めている（相続税法第22条）。財産評価基本通達は，時価とは「不特定多数の当事者間で自由な取引が行われる場合に通常成立すると認められる価額」をいうものとしている（財産評価基本通達第一章一）。そして，同通達は，「その価額は，この通達の定めによって評価した価額による。」と定めている。すなわち，現実の相続税，贈与税の算定においては，財産評価基本通達が極めて重要な役割を果たしている。財産評価基本通達は，預貯金と並び遺産総額の30％強を占めている土地について，次のように定めている。

　土地の価額は，宅地，田，畑，山林，原野等の地目の別に評価する。
　宅地の評価については次の二方式による。
　路線価方式　市街地的形態を形成する地域にある宅地に適用する。
　　　　　　　　路線価方式とは，その宅地の面する路線に付された路線価を基として評価する方式である。路線価は，売買実例価額，公示価格，精通者意見等を基に国税局長が路線ごとに評定した一平方メートル当たりの価額である。
　倍率方式　路線価方式による宅地以外の宅地に適用する。
　　　　　　　　その宅地の固定資産税評価額に，地価事情の類似する地域ごとに国税局長が定めた倍率を乗じて算出する方式である。

〈参 考〉

1. 小規模宅地等についての相続税の課税の特例

　　租税特別措置法第69条の4は，被相続人等の事業の用に供し
ていた宅地等のうち，400平方メートルまでの部分，もしくは，
居住の用に供していた宅地等のうち，330平方メートルまでの
部分については，相続税の課税価格に算入する価額を小規模宅
地等の価額の20％とする旨定めている。

2. 公的土地評価には次のものがある。

公　示　価　格　地価公示法に基づき，国土交通省が所管する土地
　　　　　　　　鑑定委員会が土地取引の指標，適正な地価の形成を
　　　　　　　　図ることを目的に公示している価格である。全国約
　　　　　　　　3万地点について，毎年1月1日の価格を判定し
　　　　　　　　て，3月下旬官報で一般に公示する。

基　準　地　価　都道府県知事が，公示価格を補完し国土利用計画
　　　　　　　　法による審査基準とするため判定する価格である。
　　　　　　　　全国約3万地点について毎年7月1日現在の地価を
　　　　　　　　判定して10月初めに公示する。

固定資産税評価額　総務大臣が定める固定資産評価基準に従い，
　　　　　　　　市町村長が固定資産税評価員の評価に基づいて決定
　　　　　　　　する価格であり，固定資産税，都市計画税，不動産
　　　　　　　　取得税を課税する際の基準となる。3年ごとに評価
　　　　　　　　替えが行われる。

相続税評価額　相続税，贈与税，地価税の課税価格算定のため，
　　　　　　　　国税庁が毎年評価する価格である。1月1日の価格
　　　　　　　　であり，例年8月に発表される。公示価格，売買実
　　　　　　　　例価格，精通者意見価格等を基に，各路線，地域の
　　　　　　　　バランスをとり，路線価方式または倍率方式により
　　　　　　　　評価したものである。

第三章　法　人　税　法

1.　法人税の概要

　法人税法は，法人税について定める法律である。法人税とは，法人の所得に対して課される税である。法人税の税収は，令和6年度予算では，17兆460億円であり，租税及印紙収入74兆7,879億円の22.8％を占めており，所得税，消費税とともに歳入の基幹となる税である。令和3年度の申告法人数は約300万社である。

　法人とは，特定の目的のために組織された団体または財産であって，法律上の権利能力を有するものであるが，その大部分は株式会社等の営利法人の形態をとる企業である。法人の所得とは，所得税の事業所得に相当するものであり，一般に利益と考えられるものである。法人税が企業の利益に課される税であるため，一つには，税収が景気の動向に左右されやすい面があり，他方，法人税の制度の内容が企業の経済活動や国際競争力に影響を与える面がある。

　法人税を課税する根拠については，二説がある。一つは，法人擬制説と呼ばれるもので，法人は自然人が経済活動を行うための手段として組織したものであるから，法人税は自然人に分配されるべき所得に対する所得税の前取りとして課税されるとするものである。他の一つは，法人実在説と呼ばれるもので，現在では法人自体が経済主体であり，株主等構成員は資金の提供者である債権者と本質的には変わらないのが実情であるので，その経済的成果は自然人の所得と同様に課税するべきであるとするものである。

両説の制度における相違は，法人税と個人の配当所得に対する所得税を二重課税と考えて，何らかの調整を行うか否かの点である。現在のわが国の制度は，所得税法に配当控除の制度がとられているように，法人擬制説の考えに立っているといえよう。法人税率が比例税率となっているのも，経済に対する中立性への配慮とともに，法人擬制説に沿うものといえる。

歴史的に見れば，明治32年に所得税法に法人所得についての課税が定められたが，その際配当所得は非課税とされた。その後の改正では，合名会社，合資会社には累進税率が導入され，大正９年の改正では配当所得が総合課税とされる等，法人実在説に則した制度となっていた。しかし，戦後，シャウプ勧告に基づく昭和25年の改正以後，わが国の制度は法人擬制説に則したものとなっている。法人擬制説の方が，法人にとっても，株主にとっても税負担の軽減に結びつきやすい考え方といえよう。

なお，法人税は，各事業年度の所得以外に国際最低課税額および退職年金等積立金に対しても課される。国際最低課税額に対する法人税は，国際課税における最低税率15％以上の課税を各国ごとに確保するためのものであり，退職年金等積立金に対する法人税は，企業が従業員の退職年金のために支払った積立金につき，これを受け入れた信託銀行，生命保険会社等について１％の低率の法人税を課税し，従業員に対する所得税の繰延を調整するものである。

本章では，各事業年度の所得に対する法人税について述べる。

〈参　考〉

1.　現行法人税法の構成は次のとおりである。
　　第一編　総則（１条から20条），第二編　内国法人の法人税（21

条から137条），第三編　外国法人の法人税（138条から147条の４），
第四編　雑則（148条から158条），第五編　罰則（159条から163条）

2．納税義務者

　　法人税法第４条　内国法人は，この法律により，法人税を納める
　　　　義務がある。ただし，公益法人等又は人格のない社団等に
　　　　ついては，収益事業を営む場合，法人課税信託の引受けを
　　　　行う場合，第82条第４号（定義）に規定する特定多国籍企
　　　　業グループ等に属する場合又は第84条第１項（退職年金等
　　　　積立金の額の計算）に規定する退職年金業務等を行う場合
　　　　に限る。

　　　２　公共法人は，前項の規定にかかわらず，法人税を納める
　　　　義務がない。

　　　３　外国法人は，第138条（国内源泉所得）に規定する国内
　　　　源泉所得を有するとき（人格のない社団等にあっては，当
　　　　該国内源泉所得で収益事業から生ずるものを有するときに
　　　　限る。），法人課税信託の引受けを行うとき又は第145条の
　　　　３（外国法人に係る退職年金等積立金の額の計算）に規定
　　　　する退職年金業務等を行うときは，この法律により，法人
　　　　税を納める義務がある。

　　　４　個人は，法人課税信託の引受けを行うときは，この法律
　　　　により，法人税を納める義務がある。

3．退職年金等積立金に対する法人税の課税は，現在，租税特別措置
　　法によって，令和８年３月31日までに開始する事業年度について時
　　限的に停止されている（租税特別措置法第68条の５）。

2．法人税の計算の仕組み

　法人税の課税標準は，各事業年度の所得の金額である（法人税法第
21条）。各事業年度の所得の金額は，当該事業年度の益金の額から当
該事業年度の損金の額を控除した金額である（法人税法第22条第１

項)。益金の額および損金の額の概念は，税法に固有の概念であるが，益金の額は法人の所得の増加に寄与するあらゆる要因を包括する概念であり，損金の額は法人の所得の減少に寄与するあらゆる要因を包括する概念であるといえよう。

　益金の額に算入すべき金額は，別段の定めがあるものを除き，資本等取引以外のものに係る当該事業年度の収益の額である（法人税法第22条第2項）。そして法人税法は，収益をもたらす取引として次のものを挙げている。

　・資産の販売
　・有償又は無償による資産の譲渡又は役務の提供
　・無償による資産の譲り受け
　・その他の取引

　損金の額に算入すべき金額は，別段の定めがあるものを除き，次に掲げる額である（法人税法第22条第3項）。

　・当該事業年度の収益に係る売上原価，完成工事原価，その他の原価
　・当該事業年度の販売費，一般管理費その他の費用
　・当該事業年度の損失の額で資本等取引以外の取引にかかるもの

　したがって，これによると法人税の課税標準である各事業年度の所得の金額とは，その事業年度の収益の額から原価と費用と損失を控除したものである。これは，一会計期間に属する全ての収益とこれに対応する全ての費用から経常利益を計算し，これに特別損益に属する項目を加減して当期純利益を算出する企業会計における利益と本質的には変わらない。そのため，法人税法は法人が企業会計による利益計算を行うことを前提に規定を定めている。益金の額に算入される収益の

額や損金の額に算入される各項目の額について，法人税法自体ではそれ以上の定めは行わず，それらを一般に公正妥当と認められる会計処理の基準に従って計算されたものとすると定めている（法人税法第22条第4項）。また，法人は確定した決算に基づき申告書を提出することとされており（法人税法第74条），この場合の決算は，会社法その他の法律に定める手続により承認された企業会計に基づく計算書類の内容のことである。

　しかし，法人税法の所得が，厳密に公平が要請される課税のために算出されるのに対し，企業会計の利益算出の目的は企業の経営成績を利害関係者に明らかにするものである。異なる目的のために算出された企業会計の利益を，そのまま法人税法の所得とすることはできない。このため法人税法は，課税の公平のため必要な定めをしており，その範囲内で企業会計の処理を認めているのである。利益の算出において法人税法の定めと異なる点については，決算上の利益に加算減算の調整を行い所得を算出することとしている。また，一般に公正妥当と認められる会計処理の基準についても，法人税法の解釈として，その内容が判断されるものである。法人税法の所得の計算は，法人税法に基づきその調整項目を明らかにして，その調整すべき金額を企業会計上の利益に加算減算することである。

```
企業利益から所得への調整
              〈法人税法〉              〈企業会計〉
          益金の額………収益  ≒    収益
                     ┌  原価  ≒    原価
          損金の額……┤  費用  ≒    費用
                     └  損失  ≒    損失
          ─────────────────────────
              所得  ⟸(調整)══ 当期利益
```

〈参 考〉

1. 法人税法第21条　内国法人に対して課する各事業年度の所得に対する法人税の課税標準は，各事業年度の所得の金額とする。

2. 法人税法第22条　内国法人の各事業年度の所得の金額は，当該事業年度の益金の額から当該事業年度の損金の額を控除した金額とする。

   2　内国法人の各事業年度の所得の金額の計算上当該事業年度の益金の額に算入すべき金額は，別段の定めがあるものを除き，資産の販売，有償又は無償による資産の譲渡又は役務の提供，無償による資産の譲受けその他の取引で資本等取引以外のものに係る当該事業年度の収益の額とする。

   3　内国法人の各事業年度の所得の金額の計算上当該事業年度の損金の額に算入すべき金額は，別段の定めがあるものを除き，次に掲げる額とする。

   一　当該事業年度の収益に係る売上原価，完成工事原価その他これらに準ずる原価の額

   二　前号に掲げるもののほか，当該事業年度の販売費，一般管理費その他の費用（償却費以外の費用で当該事業年度終了の日までに債務の確定していないものを除く。）の額

三　当該事業年度の損失の額で資本等取引以外の取引に係
　　　るもの
　4　第2項に規定する当該事業年度の収益の額及び前項各号
　　に掲げる額は，一般に公正妥当と認められる会計処理の基
　　準に従って計算されるものとする。
　5　第2項又は第3項に規定する資本等取引とは，法人の資
　　本金等の額の増加又は減少を生ずる取引並びに法人が行う
　　利益又は剰余金の分配（資産の流動化に関する法律第115
　　条第1項（中間配当）に規定する金銭の分配を含む。）及
　　び残余財産の分配又は引渡しをいう。

3．企業会計の概要

(1)　企業会計の意義

　　法人税の課税標準である法人の所得の計算方法は，法人におい
　て企業会計が行われていることを前提として定められている。こ
　のため，法人の所得を理解するためには，企業会計の理解が不可
　欠である。

　　企業の経営者は，株主，債権者，金融機関，政府，社会の人々
　等利害関係者の判断，意思決定に資するため，企業の経済活動の
　状況を明らかにしなければならない。この要請に応えるため，企
　業の経済活動を記録，測定して伝達する手段が企業会計である。
　現在，企業会計の目的は企業の経営成績を明らかにすることと，
　企業の財政状態を明らかにすることであるとされている。具体的
　には，損益計算書と貸借対照表を作成することである。

　　損益計算書（profit and loss statement　P/L）とは，企業の経
　営成績を明らかにするものである。企業の主たる目的は利益の獲

得にあるので，経営成績を明らかにするとは，利益の状況を明らかにするものである。すなわち，一会計期間の全ての収益と費用を一表に集めて比較し，純損益を明らかにしたものが損益計算書である。

貸借対照表（balance sheet　B/S）とは，企業の健全性の指標である財政状態を明らかにするものである。財政状態とは，企業が事業活動を行うための資金の調達源泉とその運用の状態をいう。資本と負債と資産の状況ともいえる。この資産，負債および資本を一表に集めて財政状態を明らかにしたものが貸借対照表である。

この二表と株主資本等変動計算書，キャッシュフロー計算書および附属明細表を財務諸表という（財務諸表等規則第1条）。

損益計算書，貸借対照表に記載される金額について，各企業がそれぞれの独自の判断で記載すると，正確な情報の伝達にならず，利害関係人に不利益を与えるおそれがある。このため会計の処理の方法について一定の規制が行われている。一つは，債権者保護の観点から会社法が，他方では，投資家保護の観点から金融商品取引法が規定を設けている。会計処理の具体的基準については，会社法では「会社計算規則」に委任し，金融商品取引法では表示に関して「財務諸表等規則」で定めるとともに，「企業会計原則」を実質的な基準としている。

(2)　会計公準

会計が行われるための基礎的前提として，暗黙の同意事項となっているものを会計公準といい，これが会計の諸概念を規制している。会社法，金融商品取引法等の規定もこれを暗黙の前提とし

ている。会計公準といわれるのは，次のものである。

イ　企業実体（business entity）の公準

　　企業は出資者の集合体ではなく，出資者から独立した別個の
　ものであり，企業に関するものだけを記録，計算する。すなわ
　ち，記録，計算を行うための会計単位が設定され，資本の概念
　が成立する。

ロ　継続企業（going concern）の公準

　　会計上の処理は，全て企業が永遠に継続するという前提で行
　われる。

　　このため，会計期間を区切る必要があり，期間計算が行われ
　るということである。会計期間の公準とも呼ばれる。

ハ　貨幣的評価（monetary valuation）の公準

　　記録，測定および伝達の全ては，貨幣額によって行われる。
　これは，貨幣価値が安定しているという前提でもある。

(3)　一般原則

　　会計公準は，基本的前提であるが，財務諸表が社会的信頼を
　得るためには，それを作成するに当たってより具体的な，よるべ
　き基準が必要になってくる。バラバラの方法で財務諸表を作成す
　ると，一般的評価ができなくなるからである。そのため，企業が
　よるべき基準が設けられた。それが企業会計原則であり，昭和24
　年に企業会計制度対策調査会が中間報告として公表したものであ
　る。公認会計士が財務諸表の監査を行う場合の基準となるもので
　あり，金融商品取引法の適用会社は，それを遵守することが強制
　される。昭和49年の商法改正により大規模会社に会計監査人監査
　が導入されたことにより，会社法の会計規定を補充するものとし

ての意義をもつこととなった。

　この企業会計原則に企業会計の一般原則として，次の7つが定められている。

　真実性の原則　　企業の財政状態及び経営成績に関して，真実な報告を提供するものでなければならない。

　正規の簿記の原則　　全ての取引につき，正規の簿記の原則に従って，正確な会計帳簿を作成しなければならない。

　資本・利益区別の原則　　資本取引と損益取引とを明確に区別し，資本剰余金と利益剰余金とを混同してはならない。

　明瞭性の原則　　財務諸表によって，利害関係者に対し必要な会計事実を明瞭に表示し，企業の状況に関する判断を誤らせないようにしなければならない。

　継続性の原則　　その処理の原則及び手続を毎期継続して適用し，みだりに変更してはならない。

　保守主義の原則　　企業の財政に不利な影響を及ぼす可能性がある場合には，これに備えて適当に健全な会計処理をしなければならない。

　単一性の原則　　種々の目的のために異なる形式の財務諸表を作成する必要がある場合，それらの内容は，信頼し得る会計記録に基づいて作成されたものであって，政策の考慮のために事業の真実な表示をゆがめてはならない。

　企業会計原則には定められていないが，重要性の原則が説かれる。重要な科目について，会計処理および情報の伝達に当たって，特に明確な表示を要請するとともに，重要性の乏しいものについて，本来の厳密な会計処理または表示によらないで，簡便な

方法によることができるとするものである。

4. 複式簿記と損益計算書および貸借対照表

企業会計の目的である損益計算書と貸借対照表の作成には，複式簿記の手法を用いる。

複式簿記を簡単な取引例で説明すると次のとおりである。

イ　60万円を出資して甲会社を設立し，現金40万円を借り入れて物品販売業を行う。60万円と40万円の現金は当座預金として預け入れた。

ロ　店舗の備品を30万円で購入し，商品を50万円で仕入れ，代金は当座預金から支払った。

ハ　店員を雇い入れ賃金15万円を支払い，電力料，ガス代等外部役務5万円を当座預金から支払った。

ニ　商品（40万円）を70万円で売却し，代金の半額を当座預金で受け入れ，残額は売掛とした。

ホ　期末に商品のたな卸をすると商品有高は10万円であった。

この例の期末の損益計算書および貸借対照表は次のとおりとなる。（以下万円の単位を省略する。）

損益計算書（勘定様式）

甲会社 ×年×月×日から×年×月×日

費　　　用		収　　　益	
仕　　　入（売上原価）	40	売　　　上	70
給　　　料	15		
光　熱　費	5		
当期純利益	10		
	70		70

貸借対照表（勘定様式）

甲会社 ×年×月×日

資　　　産		負　債・資　本	
当 座 預 金	35	借　入　金	40
売　掛　金	35	資　本　金	60
商　　　品	10	当期純利益	10
備　　　品	30		
	110		110

　損益計算書，貸借対照表で使用したそれぞれの項目は，様々な会計事実すなわち収益，費用の発生および資産，負債，資本の増減を記録する項目であり，勘定口座という。そして計算の内容を示す名称が付けられ，それを勘定科目という。

　売上，仕入，給料，光熱費等損益計算書に記載される勘定科目を，損益計算書勘定という。

　当座預金，売掛金，備品，商品，資本金，借入金等貸借対照表に記載される勘定科目を貸借対照表勘定という。

　勘定口座は借方（左側）と貸方（右側）に区分し，損益計算書勘定は借方に費用の発生を，貸方に収益の発生を記録する。貸借対照表勘

定は借方に資産の増加と負債の減少を記録し，貸方に資産の減少と負債の増加を記録する。

　複式簿記は単に当座預金の口座，売掛金の口座を記録するだけでなく，勘定間を相互に関連させて記録する。そして，１つの取引は，常にある勘定口座の借方と他の勘定口座の貸方に２つ記録されることになる。すなわち複式簿記は，１つの取引を損益計算書勘定の増減，貸借対照表勘定の増減のいずれか関連する２つに記録し，損益の状況と，資産負債の状況を明らかにするものである。

　１つの取引を借方，貸方のそれぞれの勘定に特定する作業を仕訳という。仕訳を通じて，多数の取引が多くの勘定口座に整然と記録されるのである。そして期中に記録された口座の合計額を基に精算表を作成し，これから損益計算書，貸借対照表を作成する。

　この経過を本例について示すと次のとおりである。

		借　方	貸　方
①	資本金60万円を払い込み，当座預金とする。	仕訳　当座預金 60／資 本 金 60
②	40万円を借り入れ当座預金とする。	仕訳　当座預金 40／借 入 金 40
③	店舗の備品を30万円で購入し，当座預金から支払う。	仕訳　備　　　品 30／当座預金 30
④	商品を50万円で仕入れ，当座預金から支払う。	仕訳　仕　　　入 50／当座預金 50
⑤	給料15万円を当座預金から支払う。	仕訳　給　　　料 15／当座預金 15
⑥	光熱費5万円を当座預金から支払う。	仕訳　光 熱 費　5／当座預金　5
⑦	商品を70万円で販売し，半額が当座預金に入金され，残りを売掛けとした。	仕訳　当座預金 35／売　　　上 70 売 掛 金 35／
⑧	期末商品たな卸高10万円を繰越商品に振り替える。	仕訳　繰越商品 10／仕　　　入 10

勘定口座

資 本 金

		①	60
			60

借 入 金

		②	40
			40

備 品

③	30	
	30	

給 料

⑤	15	
	15	

売 掛 金

⑦	35	
	35	

繰越商品

⑧	10	
	10	

当座預金

①	60		
②	40		
		③	30
		④	50
		⑤	15
		⑥	5
⑦	35		
	35		

仕 入

④	50		
		⑧	10
	40		

光 熱 費

⑥	5	
	5	

売 上

		⑦	70
			70

精 算 表

	残高試算表 借方	残高試算表 貸方	損益計算書 借方	損益計算書 貸方	貸借対照表 借方	貸借対照表 貸方
当 座 預 金	35				35	
売 掛 金	35				35	
繰 越 商 品	10				10	
備 品	30				30	
借 入 金		40				40
資 本 金		60				60
売 上		70		70		
仕 入	40		40			
給 料	15		15			
光 熱 費	5		5			
当期純利益			10			10
	170	170	70	70	110	110

　損益計算書勘定は，直接に損益に関わり，貸借対照表勘定は直接的に損益に関係しない。同一の支出があっても，備品を購入したときには，資産に計上され損益には関係せず，給料を支払ったときは費用として損益に関係してくる。何が資産に計上され，何が費用に計上されるかは，その内容による。

　損益に関わる勘定に計上される収益とは，企業における経済的価値の受入れであり，費用とは，財貨または役務としての価値が費消されて，その後の営業活動に貢献しなくなった部分の金額をいう。したがって，その後の営業活動に貢献するもの，例えば店舗備品などはその購入代金を支払ったとしても費用とはならず資産として計上される。この考え方は継続企業の公準にあったように，期間計算を前提としているからである。すなわちその期間の収益に対応する費用のみが当

期の費用となる。この期間損益は，期間収益とその収益に対応する費用によって計算すべきであるとの考え方を，費用収益対応の原則といい，企業会計の基本的な原則である。

　収益・費用が何時発生したか，費用となるべきものか資産となるべきものかは，企業と税務行政庁で頻繁に問題となる論点である。

5. 益金の額

(1) 益金の額に算入すべき金額

　　益金の額に算入すべき金額は，すでに見たように資本等取引以外の全ての取引に係る収益の額である（法人税法第22条第2項）。益金の額に算入される収益とは，法人の事業活動の成果としての経済的な価値の受入れ，具体的には商品や製品の販売の対価としての売上，請負等の役務の対価としての収入，無償による資産の譲り受けによる受贈益等が収益に該当する。

　　益金の額に算入されるのは，取引に係る収益とされている。このことは，原則として実現した利益のみが所得を構成するものとし，未実現の利益を課税の対象外とするものである。一方，実現した利益は原則として全て益金の額に含まれる。法人税法においても所得概念は包括的であり，取引が営業外取引であっても，違法，無効なものであっても，収益が金銭以外の経済的利益であっても，実現した利益は，全て益金の額に算入される。

　　資本等取引すなわち，増資，減資，合併等会社の資本金等を増加あるいは減少させる取引，および法人が行う剰余金または利益の配当によって，法人の正味資産の増減が生じても，法人税法ではそれを益金の額または損金の額には関係させないこととしている。

これは法人税法が，法人の所得を法人の事業活動の成果に限定している。資本の増減，利益の分配を所得と切り離しているものである。企業会計においても資本維持の要請から資本取引と損益取引を厳格に区別し，企業の利益と損失は損益取引のみから生じ，資本取引からは生じないという考え方をとっている。

(2) 収益の計上時期

　企業会計の当期利益および法人税法の所得は全て期間における利益および所得であるから，収益，費用が何時発生したかということが，利益および所得の計算上極めて重要である。これについては会計学上次の考え方がある。

　　現金主義　現金が収入または支出された時を収益または費用の認識時点とする。

　　発生主義　現金の受払いと関係なく，収益または費用の認識を一定の経済的事実が生じた時とする。

　今日では，一般に発生主義で会計処理がされている。発生主義の下で収益発生の認識時点は，商品または役務が，現金，受取手形，売掛金などのような貨幣性資産に形を変えた時とされる。これを実現主義という。商品や役務は通常の場合，販売や提供によって貨幣性資産に形を変えるので，実現主義は実際には，販売基準として適用される。会計上販売とは商品または役務が提供されること，確定した対価を貨幣性資産で受け取ることである。引渡しを重視し，所有権の移転は販売のための条件とはしない。収益の認識基準として企業会計も法人税法も，共に販売基準によることとしているといえるが，法人税法においては販売の事実を画一的に所有権の移転等の法律関係に求める傾向があり，常に企業会

計の処理が認められるとは限らない。

〈参　考〉

1.　収益の認識基準

企業会計原則

損益計算書原則三Ｂ　　「売上高は，実現主義の原則に従い，商品等の販売又は役務の給付によって実現したものに限る。」

法人税基本通達２−１−１　　「棚卸資産の販売による収益の額は，その引渡しがあった日の属する事業年度の益金の額に算入する。」

法人税基本通達２−１−２　　「……棚卸資産の引渡しの日が何時であるかについては，例えば出荷した日，相手方が検収した日，相手方において使用収益ができることとなった日，検針等により販売数量を確認した日等当該棚卸資産の種類及び性質，その販売に係る契約の内容等に応じその引渡しの日として合理的であると認められる日のうち法人が継続してその収益計上の日としている日によるものとする。……」

法人税基本通達２−１−５　　「請負による収益の額は，別に定めるものを除き，物の引渡しを要する請負契約にあってはその目的物の全部を完成して相手方に引渡した日，物の引渡しを要しない請負契約にあってはその約した役務の全部を完了した日の属する事業年度の益金の額に算入する。」

2.　法人税法は，リース譲渡（法人税法第63条），長期請負工事（法人税法第64条）について，収益および費用の帰属年度の特例を定めている。

(3)　無償取引による収益の額

収益に計上すべき金額は，通常は資産または役務の対価の額である。しかし，法人税法第22条第２項は無償取引も収益の額とする旨規定している。

法人が他の者から資産を無償で譲り受けたり，債務の支払を

免除されたりした場合には，法人の純資産がそれだけ増加するから，その譲り受けた時の時価に相当する金額や免除された債務の金額に相当する経済的利益の額を益金の額に算入する。

　資産を無償で譲渡した場合は，経済的価値の受入があったとは認められない。企業会計においては，現実に金銭等の授受がないので収益に計上することはない。しかし，法人税法は，無償で資産を譲渡した場合や無償で役務を提供した場合にも，収益を認識する場合があることを規定している。それは，資産につき値上がり益が発生している場合に，資産が譲渡されるに当たりその値上がり益（キャピタルゲイン）を認識し受け入れるものである。無利息貸付のように経済上，当然発生する利息を無利息としている場合にも，利息が発生しているものとして収益を認識する。その結果，通常の対価で取引し，受け取った対価を相手方に提供したのと同じになる。提供した経済的利益が広告費，宣伝費等に該当すれば，費用として損金の額に算入されるが，相手に贈与したものである場合は寄附金もしくは交際費となり，一定の限度額を超える場合は，損金の額に算入ができないこととなる。この規定は，無償取引であっても，その取引の時の資産の価格が帳簿価額を上回る場合や利息のように実体的利益が認識できるときは，これを収益と認識することを確認的に定めた規定である。通常より低額での取引にも適用されると解されている（最高裁平成7年12月19日第三小法廷判決　民集49巻10号3121頁）。企業会計の収益の範囲と法人税法の収益の範囲と異なる部分である。

　なお，平成30年の税法改正により，法人税法第22条の2が新設され，収益の額として益金の額に算入する金額は，「その販売若

しくは譲渡をした資産の引渡しの時における価額又はその提供を
した役務につき通常得べき対価の額に相当する金額とする。」と
された。これは，値上がり益（キャピタルゲイン）の有無にかか
わらず適用されるものであり，無償取引について値上がり益を認
識する法人税法22条2項とは趣旨が異なるものといえる。

(4) 益金不算入

　法人税法第22条第2項は，収益を益金の額に算入する旨定める
が，別段の定めがあるものを除くとしている。そして，別段の定
めとして益金に算入されない収益を個別に定めている。これらは
企業会計上は収益として利益を構成するものであるので，益金不
算入額は所得の計算において決算上の利益から減算する必要があ
る。益金不算入の規定には，次のようなものがある。

イ　受取配当等の益金不算入（法人税法第23条）

　企業会計においては，受取配当は収益となるが，法人税法
では，受取配当は益金不算入とされている。わが国の税制で
は，法人擬制説の考え方による所得税と法人税の二重課税につ
いて，所得税の課税における配当控除により調整している。し
かし，法人と個人の間に他の法人が株主として存在し，その法
人の受取配当金に課税すると，配当控除の段階で何回法人税が
課されたかを考慮して控除額を定めることが必要となる。しか
し，そのようなことはできないので，法人の受け取った配当は
益金に算入しないことにしてこの問題を解決している。一方，
その株式を取得するために借り入れた借入金の利息相当額も損
金に算入しないこととして，受取配当からその利息を控除した
金額を益金不算入としている。不算入額について，完全子法人

株式等および関係法人株式等（株式保有割合が1/3を超えるもの）については100％を益金不算入とし，それ以外で株式保有割合５％超の場合50％を，５％以下の場合20％を益金不算入としている。

ロ　外国子会社から受ける配当等の益金不算入（法人税法第23条の２）

外国子会社から剰余金の配当等の額を受けた場合は，一定の費用を控除した額を益金に算入しない。

ハ　資産の評価益の益金不算入（法人税法第25条）

企業会計でも資産の帳簿価額は，原則としてこれを取得するために要した金額を基礎とする，いわゆる取得原価主義がとられている。法人税法上も評価換えに基づく利益は，実現した利益と捉えず，法人が資産の評価換えを行って評価益を計上しても，原則としてその評価益は益金不算入とされる。

ニ　特定の受贈益の益金不算入（法人税法第25条の２）

内国法人が完全支配関係（株式等を全部保有）にある他の内国法人から受けた受贈益の額は，益金の額に算入しない。贈与した法人の寄附金として全額損金不算入にすることに対応して，受贈した法人の益金に算入しないことにするものであり，グループ企業間の課税の調整である。

ホ　還付金等の益金不算入（法人税法第26条）

法人税は法人の所得に課税されるものであり，法人税額を課税標準として課税される都道府県民税，市町村民税も実質的には所得に課税されるものである。これらの税は，課税された所得の中から支払われるべきものであるので，課税所得の計算上

損金に算入されない。したがって，納付した法人税等が誤って過納であって，それが還付されたとしても，これは既に課税済みであるので，その事業年度の益金の額に算入しない。

6．損金の額

　損金の額に算入されるのは，別段の定めがあるものを除き原価，費用，損失である（法人税法第22条第3項）。益金を構成する収益が，経済的な価値の受入れであることと対比させると，損金を構成する原価，費用，損失は経済的価値の払出しであるといえよう。

　企業会計においても原価，費用，損失は，利益の計算において収益から減算される事項であり，別段の定めが無い場合の原価，費用，損失の内容は，公正妥当な会計処理の基準に照らして決められる。主要な損金の項目は次のものである。

(1)　売上原価

　　売上原価とは，当期における売上高に直接対応する費用をいい，商業の場合は販売した商品の仕入価額がこれに当たる。

　　企業会計では，期首商品棚卸高および当期商品仕入高の合計額から期末商品棚卸高を控除する形式で売上原価を算出する。

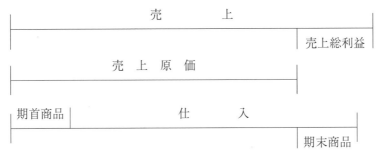

　単純な商売であれば，商品の個別管理も可能であり，販売した

商品の仕入価額を個別に把握できるが，通常は個別の商品を管理することはできず，期末の商品の棚卸をし，有高を確認し，有る商品の価額を算定する。期末商品の価額により，売上総利益が変わってくるので期末商品の評価が重要になる。棚卸資産の評価の問題である。

　法人税法は，売上原価の計算の方法については，格別の規定を設けておらず，企業会計の方法を是認しているのであるが，期末棚卸資産の評価については，いくつかの評価方法を掲げ，その中から選択するものとしている。これは，期末棚卸資産の評価が法人の所得の計算上重要であるので，一定の枠を設け恣意的な計算を排除し公平の確保に努めているものである（法人税法第29条第1項，第2項，法人税法施行令第28条）。

　法人税法上の棚卸資産の評価方法は，次のものである。

原価法　個別法

　　　　　先入先出法

　　　　　総 平 均 法　　期首と期中取得価額を総数で割り単価とする。

　　　　　移動平均法　　取得ごとに総平均し平均単価を改定して，最終の平均単価を単価とする。

　　　　　最終仕入原価法

　　　　　売価還元法　　通常の販売価格の総額に原価率を乗じる。

$$原価率＝\frac{期首棚卸高＋期中仕入高}{期末売価棚卸高＋期中売上高}$$

低価法　原価法のうち法人が選定した方法により評価した価額

と，期末におけるその棚卸資産の取得のために通常要する価額（時価）のいずれか低い方の価額とする。

売上原価の計算の簡単な例を挙げると，次のとおりである。

	仕入数量	単価	売上数量	金額
期 首 商 品	100個	100円		10,000円
第一回仕入	200個	120円		24,000円
売　　　上			150個	
第二回仕入	100個	140円		14,000円
売　　　上			100個	
期 末 商 品	150個			?

先入先出法の場合

　　150個のうち100個は第二回仕入分で単価 140円…14,000円

　　　　　　　　50個は第一回仕入分で単価 120円…6,000円

　　　　　　　　　　　　期末商品棚卸高…20,000円

　　売上原価　10,000円＋38,000円－20,000円＝28,000円

最終仕入原価法の場合

　　150個の単価は140円で期末商品棚卸高…21,000円

　　売上原価　10,000円＋38,000円－21,000円＝27,000円

〈参　考〉

　1．棚卸資産　　棚卸資産とは，商品，製品，半製品，仕掛品，原材料その他の資産（有価証券および短期売買商品を除く）で棚卸をすべきものとして政令で定めるもの（消耗品，その他これらに準ずるもの）をいう（法人税法第2条第20号）。

　2．完成工事原価　　売上原価と同様の性格のものである。建設

業では売上高といわず完成工事高といい，原価を完成工事原
価という。その他，海運業では海運業収益と海運業費用，銀行
では，経常収益と経常費用など表現は様々であるが，営業に
よる収益に直接対応する費用が原価であり，損金に算入され
る。

3. 売上原価は費用の集合であるが，その債務の確定しているこ
とを必要とするか否かについて，昭和55年までは「売上原価，
完成工事原価その他これに準ずる原価」の計算の基礎となる費
用は，別段の定めのあるものを除き，当該事業年度終了の日ま
でに債務が確定しているものに限ると通達で定められていた
（旧法人税基本通達2—1—4）。しかし，現在は「「……原価」
となるべき費用の額の全額又は一部が当該事業年度終了の日ま
でに確定してない場合には，同日の現況によりその金額を適正
に見積もるものとする。この場合において，その確定していな
い費用が売上原価等となるべき費用かどうかは，当該売上原価
等に係る資産の販売若しくは譲渡又は役務の提供に関する契約
の内容，当該費用の性質等を勘案して合理的に判断するのであ
るが，たとえその販売，譲渡又は提供に関連して発生する費用
であっても，単なる事後的費用の性格を有するものはこれに含
まれないことに留意する。」（法人税基本通達2—2—1）とさ
れている。

(2) 販売費，一般管理費およびその他の費用

販売費，一般管理費およびその他の費用とは，企業の販売およ
び一般管理業務に関して発生したあらゆる費用である。収益の獲
得に貢献するものであるが，原価のように直接的な費用でないの
で，その事業年度の収益と対応するものとされる。すなわちその
事業年度に発生した費用が損金に算入される。その意味で，これ
らの費用は法律の規定にもあるように，償却費以外のものは事業

年度終了の日までに債務の確定しているものに限られる。債務の確定について，法人税基本通達は，次に掲げる要件の全てに該当するものとすると定めている（法人税基本通達2－2－12）。

(1) 当該事業年度の終了までに当該債務が成立していること。

(2) 当該事業年度の終了の日までに当該債務に基づいて具体的な給付をすべき原因となる事実が発生していること。

(3) 当該事業年度の終了の日までにその金額を合理的に算定することができるものであること。

減価償却費および繰延資産の償却費については，債務の確定という要件がはずされている。これらの費用は，翌期以降も長期にわたり収益に貢献する固定資産の取得費や研究費，開発費等に支出された金額を当期に配分するものであり，対外的に債務が成立するものではないからである。

〈参　考〉

　　損金経理　　減価償却費や繰延資産の償却費を損金に算入するには，確定した決算で費用として経理する必要がある。このように，法人がその確定した決算において費用または損失として経理することを損金経理という（法人税法第2条第25号）。

(3) 減価償却費

減価償却費は，販売費および一般管理費の一勘定科目であり，すでに述べたように，債務の確定を要せず損金の額に算入される。

法人が事業に使用する建物，機械等の固定資産を取得するための支出は，その固定資産が長期にわたって使用されるものであるため，全額を取得した事業年度の費用とするのは収益と費用の対

応に照らして合理的ではない。したがって，固定資産がその事業
に供されることによって年々減価する部分を，その事業年度の費
用として計上する。この減価を見積もり，固定資産の使用期間に
おける各事業年度の費用として割り当てるとともに，その資産の
帳簿価額を減額していくことを減価償却という。

　固定資産は，棚卸資産，有価証券，繰延資産以外の資産をいう
が，固定資産のうち時の経過または使用により価値が減少するも
の，また事業の用に供されているものを減価償却の対象とし，こ
れを減価償却資産という（法人税法第２条第23号，法人税法施行
令第13条）。減価償却資産を取得した場合は，その取得価額を資
産に計上して，事業の用に供した後，減価償却を行う。減価償却
により費用化された費用を減価償却費という。減価償却費は損金
に算入されるのであるが，これは他の費用と異なり，実際の支出
を伴わず，法人内部の意思決定によって費用化されるものである
ので，法人の自主的判断に任せた場合には法人間の負担の公平が
確保できないことになる。したがって，法人税法は減価償却費の
計算および償却の方法について，詳細な規定を設けている。

　減価償却の基本的な考え方は，減価償却資産の取得価額を使
用可能期間に等分または合理的な方法で費用に配分することであ
る。その配分の方法を償却の方法といい，定額法，定率法，生
産高比例法等が定められている（法人税法第31条，法人税法施行
令第48条の２）。また，使用可能期間についても耐用年数として
「減価償却資産の耐用年数等に関する省令」により，減価償却資
産の種類，構造，用途の異なるごとに詳細に定められている。

　減価償却の簡単な例を挙げると，次のとおりである。

構築物　　送配電用のもの　鉄塔及び鉄柱　取得価額１億円
である場合

　　耐用年数50年（耐用年数50年の定額法による償却率0.020）

　　定額法を採用した場合　　１億円×0.020＝200万円

　（耐用年数，償却率は，減価償却資産の耐用年数等に関する省令
により定められたもの。）

　　減価償却費は200万円であり，これを超える償却費が計上され
ている場合は，減価償却費の限度超過額として超過部分は損金の
額に算入できない。

　　なお，平成19年３月31日以前に取得された減価償却資産につ
いては，取得価額の10％を残存価額として残す旧定額法，旧定率
法，旧生産高比例法が適用される（法人税法施行令第48条）。

〈参　考〉

　1．　減価償却資産　　減価償却資産とは，建物，構築物，機械及び装
　　　置，船舶，車両及び運搬具，工具，器具及び備品，鉱業権その他の
　　　資産で償却すべきものとして政令で定めるもの（無形固定資産，生
　　　物）をいう（法人税法第２条第23号）。

　2．　取得価額　　取得価額とは，代金，運賃，保険料，購入手数料，
　　　関税その他購入のために要した費用と事業の用に供するために直接
　　　要した費用の額をいう（法人税法施行令第54条）。ただし，耐用年
　　　数が一年未満のもの，取得価額が10万円未満のものは費用として損
　　　金の額に算入できる（法人税法施行令第133条）。中小企業者等には
　　　30万円未満とする特別措置がある（租税特別措置法第67条の５）。

　3．　資本的支出　　単なる修繕であればその費用は修繕費として全額
　　　が損金となるが，使用可能期間が延びるような改造等に要した費用
　　　は資本的支出として損金に算入しない（法人税法施行令第132条）。
　　　ただし，１つの修理，改良等につき20万円未満であれば費用として

損金の額に算入できることとされている（法人税基本通達7-8-3）。

4. 法人税法第31条　内国法人の各事業年度終了の時において有する減価償却資産につきその償却費として第22条第3項（各事業年度の損金の額に算入する金額）の規定により当該事業年度の所得の金額の計算上損金の額に算入する金額は，その内国法人が当該事業年度においてその償却費として損金経理した金額（以下この条において「損金経理額」という。）のうち，その取得をした日及びその種類の区分に応じ政令で定める償却の方法の中からその内国法人が当該資産について選定した償却の方法（償却の方法を選定しなかった場合には，償却の方法のうち政令で定める方法）に基づき政令で定めるところにより計算した金額（次項において「償却限度額」という。）に達するまでの金額とする。

（第2項以下略）

5. 繰延資産の償却　繰延資産とは，法人が支出する費用のうち支出の効果がその支出の日以後一年以上に及ぶもので政令で定めるものをいう（法人税法第2条第24号）。創立費，開業費，開発費，株式交付費，社債等発行費のほか，自己が便益を受ける公共的施設の負担金，借家の権利金，礼金等，ノウハウの頭金，広告宣伝用の看板・陳列棚等の贈与費用等がある。創立費から社債等発行費の償却限度額は全額であるが，それ以外の繰延資産の償却限度額は，繰延資産の額を支出の効果の及ぶ月数で除し，これにその事業年度の月数を乗じたものである（法人税法施行令第64条）。

　ただし，支出する金額が20万円未満のものは損金の額に算入できる（法人税法施行令第134条）。

(4)　損　　　失

　損失とは，災害損失，為替損失，盗難による損失等，収益の獲得に直接貢献しない経済的価値の払出しをいう。損失が損金に算

入される理由は，それが収益の獲得に貢献しないとしても，法人の経済活動の過程で発生するものであり，費用と同様に経済的な価値の払出しであることから，担税力を減殺することに配意したものであろう。企業会計においても配当すべき原資を減殺するものであるから，利益の計算において収益から控除される。

　損失が損金に算入されるためには，期末までに明確に生じた損失であり，損害額を合理的に見積もることができることが必要である。

　債務の確定を要するか否かについては，債務確定を必要とする旨の規定がなく，一般的には債務確定を必要としないと解される。ただし，損害賠償責任が生じた場合は，原則として債務が確定した時の損失となると解される。

　損失となるかどうかで問題となるのは貸倒損失である。貸倒損失は損失であるから損金に算入されるのであるが，その事実認定には難しい点がある。

7. 損金不算入

　法人税法第22条第3項は，原価，費用，損失であっても，別段の定めがあるものは，損金の額に算入されない旨規定する。企業会計と異なる点である。損金不算入の規定には，次のようなものがある。

(1) 資産の評価損

　　資産の評価換えをしてその帳簿価額を減額し，評価損を計上しても，その資産が災害により著しく損傷する等の特定の場合を除いて，その評価損は損金の額に算入されない（法人税法第33条）。企業会計が資産の帳簿価額について，取得原価主義をとっている

こともあり，評価損を実現した損失と捉えないものである。また，金銭債権は，評価減を認める例外規定から除かれていたが，平成21年の改正で例外規定に含まれ，評価減が可能となった。

(2) 不定期の役員給与等

　法人税法は，役員に対して支払われる給与のうち，退職給与および法人税法が定める特定の給与以外の給与を損金不算入としている（法人税法第34条）。役員に対して支払われる給与（報酬，賞与，退職給与等をいい，経済的利益を含む。）について，使用人に支払われる給与と異なる扱いがされるのは，勤務の性質が異なるからである。使用人に対する給与は雇用契約に基づいて，その労務の対価として支払われるものであるから，企業会計上費用となるものであり，法人税法上も全額が損金に算入される。役員に対する給与は，役員が株主等出資者の委任を受けて経営に従事するものであり，法人の得た利益の分配に参与する地位にあることから，その全てを費用とはしないこととしている。かつて，法人税法上，役員賞与（臨時的な給与）は損金の額に算入しないこととし，報酬や退職給与は役員の通常の業務執行の対価として受けるものであり，収益に貢献する費用として損金算入を原則としていた。しかし，給与の形態も多様となり，報酬と賞与の区分も不明確となりつつあったことから，平成18年度の法人税法の改正により，現行制度に改めたものである。

　損金に算入される給与は，定期同額給与，業績連動給与，定めにより所定の時期に確定額を支給する給与（非常勤役員に対する年1度の給与等）である。したがって，それ以外に支給されるボーナス等は，損金不算入となる。また，不相当に高額な報酬また

は退職給与，仮装経理により支給した給与も損金不算入とされている。

　その他，役員と特殊の関係にある使用人に支給する給与のうち不相当に高額な部分も損金不算入とされている（法人税法第36条）。

(3)　寄　附　金

　法人税法における寄附金とは，寄附金，きょ出金，見舞金その他いずれの名義をもってするかを問わず，金銭その他の資産または経済的な利益の贈与または無償の供与をいう。この寄附金は企業会計においては全額費用とすることができるが，法人税法ではこれについて損金算入の限度額を設け，この限度額を超える部分の金額は損金の額に算入しないこととしている（法人税法第37条）。

　法人の支出した費用は，本来その法人の事業活動に必要なものであるので，法人税法上も損金となるのであるが，寄附金はその性質上，直接には反対給付のない支出であるため，事業活動に必要なものであるかどうかが判然としない。もし寄附金が事業活動と全く無関係なものであれば，これを全額損金として認めた場合，本来課税されるべきはずの所得が減少し，結果的に国の関知しない相手に対する寄附金の一部を国が負担したのと同じことになる。一方，広い意味で事業活動と関連を有する寄附金も多いと思われるが，その判定は極めて困難である。したがって，法人税法は形式基準により一定限度を事業関連と定め，その範囲で損金算入を認めているものである。ただし，完全支配関係にある法人間の寄付金は全額損金不算入とされている。

寄附金の損金算入限度額を設ける趣旨が以上のものであるため，全額損金算入を認めても公平を欠くことがない国または地方公共団体に対する寄附金や，公益に寄与するものとして財務大臣が指定した寄附金は全額損金算入することができる。

　損金算入の限度額は，次のとおり定められている（法人税法施行令第73条）。

$$限度額 = \frac{期末資本金等の額の0.25\% + 当期の所得の金額の2.5\%}{4}$$

（所得の金額は寄附金を損金算入する前の金額）

(4)　法人税等

　法人が支払う租税公課は，国税，地方税を問わず法人が事業活動を行っていくためには避けられない負担であるので，企業会計上は一般に費用として経理されている。しかし，法人税法は，法人税，地方法人税，都道府県民税および市町村民税を損金不算入としている（法人税法第38条）。これらの税は，もともと所得の中から納付されることが予定されているものであり，それを制度として整えているのがこの規定である。

(5)　不正行為等に係る費用

　次のものは，法人税法の目的および政策的観点から損金不算入とされている（法人税法第55条）。

イ　脱税費用

　隠ぺい仮装行為により法人税その他の税を脱税するための費用・損失は，損金の額に算入しない。脱税費用を損金に算入しない根拠は，従来必ずしも明確ではなかったが，平成18年度の改正で根拠規定が設けられた。

ロ　国税の延滞税・加算税，印紙税の過怠税，地方税の延滞金・
加算金

これらの税は，適正な申告，納付を行わせるための付加的な
経済的負担であるから，もし損金算入を認めると税負担の減少
によりその効果が減殺されるため，政策的に損金不算入として
いる。

ハ　罰金，科料，過料，交通反則金，課徴金等

これらのものも損金算入を認めると，罰則の効果を減殺する
ことになるため，政策的に損金不算入としている。外国のもの
を含むが，限定列挙であるため，列挙されていないものは損金
算入が認められる。

ニ　賄賂，外国公務員等に対する不正利益供与

刑法に規定する賄賂，不正競争防止法に規定する外国公務員
等に対する不正利益供与に該当する費用は，損金不算入とされ
ている。

(6)　法人税額から控除される所得税等

算出された法人税額から控除されることになる所得税の額およ
び外国法人税額については，損金算入を認めると二重控除になる
ため，所得の計算上は損金不算入としている（法人税法第40条，
第41条）。

(7)　交際費等

法人が支出する交際費は，販売促進等の事業のために支出さ
れるものであるから，企業会計上はその全額が費用となる。しか
し，わが国では法人の支出する交際費は毎年巨額にのぼってお
り，社用族という言葉があるようにその冗費性が否定できず，社

会的にも問題となっている。そこで，冗費の節約による自己資本の充実を図るという政策的目的から，交際費等の損金不算入の制度を設け，交際費支出の抑制を図っている。この措置は，昭和29年に一定期間の特例として租税特別措置法で規定されたのであるが，その後一定期間は延長され損金不算入の範囲を拡大している（租税特別措置法第61条の4）。この特例は長期にわたり維持されているが，法人税法では交際費等の損金算入は否定されていないので，あくまでも特別措置である。

　租税特別措置法により損金不算入とされる交際費等とは，「交際費，接待費，機密費その他の費用で，法人が，その得意先，仕入先その他事業に関係のある者等に対する接待，供応，慰安，贈答その他これらに類する行為」のために支出するものである（租税特別措置法第61条の4第4項）。法人が交際費の科目で経理したか否かとは関係がない。また，事業に関係がある者とは間接的に関係のある者やその法人の役員，従業員，株主なども含まれる。

　交際費等にならないものとしては，従業員の福利厚生のための運動会や旅行等のために通常要する費用，1人当り1万円以下の飲食費，広告宣伝のためのカレンダーや手帳等の作成費用，会議に関連してお茶や弁当程度のもてなしをする費用，出版，放送のための取材費等の費用が挙げられている（租税特別措置法施行令第37条の5）。

　交際費等の損金不算入額は，資本金の額100億円超の法人は交際費等の全額であり，資本金の額100億円以下の法人は交際費等の額から接待飲食費の額の50％を控除した金額である。また，資

本金の額1億円以下の法人については，中小企業対策等の観点から交際費等の金額の800万円までの損金算入が認められており，この800万円の定額控除との選択適用となる。

〈参　考〉

1. 租税特別措置法第61条の4第1項

   法人が平成26年4月1日から令和9年3月31日までの間に開始する各事業年度において支出する交際費等の額（当該事業年度終了の日における資本金の額又は出資金の額（資本又は出資を有しない法人その他政令で定める法人にあっては，政令で定める金額。次項において同じ。）が百億円以下である法人については，当該交際費等の額のうち接待飲食費の額の百分の五十に相当する金額を超える部分の金額）は，当該事業年度の所得の金額の計算上，損金の額に算入しない。

2. 接待飲食費

   接待飲食費とは，交際費等のうち飲食その他これに類する行為のために要する費用（役員，従業員，その親族に対する接待等のための支出を除く。）で，財務省令で定める事項が明らかにされているものをいう。

3. 使途秘匿金課税

   使途秘匿金とは，金銭の支出のうち，相当の理由がなく相手方の氏名または名称および住所または所在地並びにその事由を帳簿書類に記載していないものをいう。法人が相手先を秘匿する支出は，賄賂や闇献金など違法ないし不当な支出につながりやすく，公正な取引を阻害することにもなる。平成5年のゼネコン汚職によりこれが社会的な問題となり，このような支出を抑制するため，平成6年に使途秘匿金に対して法人税を課税する措置がとられた。その内容は，通常の法人税に使途秘匿金の支出の額の100分の40を加算した金額を法人税額とするもので

ある（租税特別措置法第62条）。本来の法人税制にはそぐわない制度であり，租税特別措置法により定めている。

8. 有価証券の譲渡損益および時価評価損益

国債証券，社債券，株券，投資信託の受益証券，貸付信託の受益証券等の有価証券については，市場があり時価を把握できる場合が多い。また，常に価格が変動しているため会計情報も最新のものが求められる。このことから企業会計では有価証券等の金融商品については，他の資産と異なる基準により処理されるようになった。これに対応して，法人税法でも平成12年度の税制改正で有価証券について特別の規定を設け，次のことを定めている。

(1) 有価証券の譲渡損益（法人税法第61条の2）

内国法人が有価証券の譲渡をした場合には，その譲渡利益額または譲渡損失額は，その譲渡契約をした日の属する事業年度の所得の金額の計算上，益金の額または損金の額に算入する。従来，有価証券の譲渡損益は有価証券の引渡日の属する事業年度に計上されていたが，有価証券については売買等の約定をもって移転を認識することが適当と考えられるためである。

譲渡利益額は，譲渡の対価の額から原価の額を差し引いた金額である。その有価証券の原価の額は，内国法人の選定した算出の方法により算出した金額である。その算出の方法は，政令により銘柄の異なるごとに区分した移動平均法または総平均法と定められている。算出の方法を選定しなかったり，選定した方法で算出しない場合は，移動平均法による。

(2) 売買目的有価証券の評価益または評価損の益金または損金算入

等（法人税法61条の3）

　内国法人が事業年度終了の時において有する有価証券については，次の有価証券の区分により定めた金額をその時における評価額とする。

イ　売買目的有価証券　　（短期的な価格の変動を利用して利益を得る目的で取得した有価証券）

　　時価評価金額　　　　事業年度終了の日の金融商品取引所の最終の売買価格，店頭売買有価証券の最終の売買価格等政令の定める価格

ロ　売買目的外有価証券　（売買目的有価証券以外の有価証券）

　　原価法による金額　　期末保有有価証券の帳簿価額

　売買目的有価証券の時価評価金額が，期末の帳簿価額を超える場合の評価益は，当該事業年度の益金の額に算入され，評価損は損金の額に算入される。これは未実現の利益または損失を収益または費用として捉えない現在の法人税法の原則を修正するものである。しかし，企業会計では国際的にも時価評価が重視される傾向にあり，その結果生ずる評価差額については，財務活動の成果として認識することが妥当であるとして当期の損益として処理されている。法人税法は，売買目的有価証券について，企業会計の処理に則して原則を修正したものである。

　なお，益金の額または損金の額に算入された金額は翌事業年度の損金の額または益金の額に算入し，帳簿価額を評価換え前の価額に戻すことになっている。いわゆる洗替え処理である。

　　　金融商品については，平成12年度税制改正において，有価証券
　　の他，デリバティブ取引，ヘッジ処理，外貨建取引等に関して法
　　人税法の規定が整備された。

9.　組織再編成に係る所得の金額の計算

　法人が合併，分割，現物出資により組織の再編成を行うことは，機
動的，合理的な企業活動のための重要な手段と考えられている。

　しかし，これらの組織再編成の方法は，法律上は資産の移転を伴う
ものである。したがって，移転する資産にキャピタルゲインが生じて
いる時は，移転によりその利益が実現することになり，それに基づく
所得について課税の問題が生じることになる。

　一方，合併，分割等が行われても，その資産が移転した法人で従来
と同じ状態で活用されているときに，全く支配権を放棄する売買と同
様に所得を認識することは実情に適さない面もある。

　このことから，平成13年度の税制改正において，法人税法に組織再
編成に係る規定を統一的に整備した。そのうち，合併および分割に関
する規定の概要は次のとおりである。

　(1)　合併および分割による資産等の時価による譲渡(法人税法62条)

　　　内国法人が合併または分割により合併法人または分割承継法人
　　に資産および負債の移転をしたときは，合併または分割の時の価
　　額による譲渡をしたものとして，所得の金額を計算する。この場
　　合，合併法人または分割承継法人から新株等をその時の価額によ
　　り取得し，直ちに内国法人の株主等に交付したものとする。現実
　　には，新株は直接その法人の株主に交付されるのであるが，対価

を認識するためにいったん法人が新株を受領したと構成している
ものである。

　譲渡損益は，合併または分割の日の前日の属する事業年度の益
金または損金の額に算入する。すなわち，合併または分割の場合
であっても，原則は売買による譲渡と同様にキャピタルゲインま
たはロスを認識し，課税の問題が生じることになる。

(2)　適格合併および適格分割型分割による資産等の帳簿価額による
　引継ぎ（法人税法62条の２）

　　合併または分割が，適格合併または適格分割型分割である場
　合，移転した資産および負債は，事業年度終了の時の帳簿価額で
　引継ぎをしたものとして，当該内国法人の所得の金額を計算す
　る。この場合，合併法人または分割承継法人からそれらの株式を
　資産および負債の帳簿価額を基礎とした金額により取得し，直ち
　に当該内国法人の株主等に交付したものとする。

　　すなわち，合併または分割が形式的に資産を移転させるけれ
　ど，実質的にはまだその資産を保有していると認められる適格合
　併，適格分割型分割（新株式が株主に交付される。）の場合には，
　キャピタルゲインを認識せず，将来，資産を譲渡するまで課税を
　繰り延べるものである。

　　適格分社型分割（新株式が分割法人に交付される。）の場合も，
　分割承継法人に帳簿価額で譲渡されたものとして，所得を計算す
　る（法人税法第62条の３）。

　　適格合併とは，次のいずれかに該当し，被合併法人の株主に合
　併法人または合併親法人の株式以外の資産が交付されないもので
　ある。

イ　完全支配関係（株式の全てを直接または間接に保有）にある
　法人間の合併

ロ　支配関係（株式の50％超を直接または間接に保有）にある法
　人間の合併で次の全てに該当するもの。

　　被合併法人の従業員の80％以上が合併法人で業務に従事す
　る。

　　被合併法人の主要な事業が合併法人で引き続き営まれること
　が見込まれる。

ハ　被合併法人と合併法人との共同事業のための合併として，政
　令で定めるもの。

　　政令は，互いの事業が関連があること，一方の売上金額が他
　方の5倍を超えないこと，被合併法人の従業員の80％以上が合
　併法人の業務に従事すること等を定めている。

　　適格分割とは，分割後の会社間に完全支配関係がある場合，
　支配関係があって分割した事業に係る主要な資産が移転してい
　る場合等の一定の要件に該当する分割をいう。

〈参　考〉

　　1.　組織再編成に関しては，合併，分割のほか適格現物出資，特
　　　定資産の譲渡損失額の損金不算入について規定が設けられてい
　　　る。

　　2.　組織再編成に関する法人の行為または計算でこれを認容した
　　　場合，法人税の負担を不当に減少させる結果となると認められ
　　　るときは，税務署長はこれを否認できる包括的な租税回避防止
　　　規定が設けられている（法人税法第132条の2）。

10．引当金および圧縮記帳

(1) 引 当 金

　　すでに述べたように損金の額に算入される販売費および一般管理費等の費用は，償却費を除いて事業年度終了の日までに債務の確定しているものに限られる。法人税法は，将来発生が予想される費用を見積もって計上し，損金に算入することは認めないのが原則である。

　　しかし，経験的に見て将来その費用の発生が相当確実に予想され，しかもその起因となる事実が，その事業年度以前にあると認められる場合は，発生した事業年度の費用とするより，これをあらかじめ見積もってその事業年度の負担とすることが合理的な費用がある。このように特定の費用を見積もり，当期の費用として計上し，引当金勘定に繰り入れることを引当金の設定という。

　　企業会計上は，一定の場合引当金を設定するのは必要であり，会計慣行としても定着している。引当金を広く解すれば多くの引当金を設定することが可能となるが，引当金があくまでも将来の費用の見積であることを考えると，みだりに引当金の設定を認めることは所得の操作を容易にし，公平を損うおそれがある。そこで，法人税法は，貸倒引当金，返品調整引当金の2種類の引当金について別段の定めを設け，一定の範囲で引当金に繰り入れる金額の損金算入を認めることとしている。また，その内容を明確にするため，これらの引当金への繰入金額を損金算入するためには，損金経理すなわち確定決算において費用として計上されていること，確定申告書に引当金勘定に繰り入れた金額の損金算入に関する明細の記載があることが要件とされている。法人税法が定

める引当金の概要は次のとおりである。

イ　貸倒引当金

　　次の法人が，金銭債権の貸倒れによる損失の見込額として，損金経理により貸倒引当金勘定に繰り入れた金額のうち，(イ)と(ロ)の金額の合計額までの金額は，損金の額に算入される（法人税法第52条）。

　　①資本金または出資金が1億円以下の普通法人，②公益法人等または協同組合等，③人格のない社団等　④銀行・保険会社その他これらに準ずる法人，⑤売買があったものとされるリース資産の対価の額である債権を有する法人

(イ)　個別評価金銭債権（貸倒れによる損失が見込まれる個別の債権）の損失の見込額として政令で定める金額

　　　　例えば債務者について会社更生法による更生手続開始の申立てがあった場合は債権額の50%（法人税法施行令第96条）

(ロ)　一括評価金銭債権（(イ)の債権以外の売掛金，貸付金その他これに準ずる金銭債権）の額および最近の貸倒損失額を基礎として政令で定めるところにより計算した金額

　　　　政令は，売掛金，貸付金その他これに準ずる金銭債権の帳簿価額の合計額に，前3事業年度の貸倒実績の割合を乗じた金額と定める（法人税法施行令第96条）。

　　なお，資本金1億円以下の中小法人は，金銭債権の帳簿価額の合計額に一定の割合（小売業・卸売業は1%）を乗じたものを繰入限度額とすることができる（租税特別措置法施行令第33条の9）。

ロ　返品調整引当金

　　出版業，医薬品製造業，化粧品製造業等政令で定める事業を営む法人で，販売する棚卸資産につき買戻しの特約を結んでいるものが，損失の見込額として損金経理により返品調整引当金に繰り入れた金額については，最近の買戻しの実績を基礎として政令で定める金額まで損金の額に算入される（法人税法旧第53条）。

　　なお，返品調整引当金は令和3年4月1日以降徐々に縮小され，令和12年4月以降廃止される。

〈参　考〉

1．企業会計原則注解（注）18　引当金について

　　　将来の特定の費用又は損失であって，その発生が当期以前の事象に起因し，発生の可能性が高く，かつ，その金額が合理的に見積もることができる場合には，当期の負担に属する金額を当期の費用又は損失として引当金に繰り入れ，当該引当金の残高を貸借対照表の負債の部又は資産の部に記載するものとする。

　　　製品保証引当金，売上割戻引当金，返品調整引当金，賞与引当金，工事補償引当金，退職給与引当金，修繕引当金，特別修繕引当金，債務保証損失引当金，損害補償損失引当金，貸倒引当金がこれに該当する。

　　　発生の可能性の低い偶発事象に係る費用又は損失については，引当金を計上することはできない。

2．準備金　　租税特別措置法には引当金と同様に各事業年度において，一定の限度内の繰入額を損金に算入する準備金の規定がある。準備金は引当金と異なり，その事業年度の収益と明確な因果関係を持っているものは少なく，むしろ偶発的

な損失の引き当てや政策的な性格を持っているので，租税特別措置法で規定されている。準備金には，海外投資等損失準備金，特定原子力施設炉心等除去準備金，保険会社等の異常危険準備金等がある。

(2) 圧縮記帳

圧縮記帳とは，税法独自の制度であり，法人が交付を受けた国庫補助金により固定資産を取得した場合等において，その取得資産につき圧縮限度額（国庫補助金の金額等）の範囲内で，帳簿価額を損金経理により減額し，または確定した決算において積立金として積み立てる方法（剰余金の処分により積立金として積み立てる方法を含む。）により，固定資産の帳簿価額を減額することをいう。減額した金額はその事業年度の損金に算入され，益金に算入される国庫補助金の額と相殺することによりその年度に所得が生じないようにする制度である。固定資産の帳簿価額が減額されていることから，その事業年度以後の減価償却費は圧縮記帳が行われない場合より減額され，翌事業年度以降の所得は増加することになるので，圧縮記帳は課税の繰延の効果を持つ制度である。

この制度は，国庫補助金により固定資産を取得した場合のように，国庫補助金に法人税が課税されることにより，補助金本来の効果が生じないこととなる場合等，課税の繰延が必要と認められる特定の場合に限定して認められる。法人税法では，別段の定めとして第42条以下に国庫補助金等，工事負担金，非出資組合の賦課金，保険金等を受領した場合，交換により差益金が生じた場合に限定して圧縮記帳の規定を設けている。

なお，租税特別措置法においてもいくつかの圧縮記帳の規定が
設けられている。

11．　繰越欠損金および欠損金の繰戻し

　その事業年度の損金の額が，益金の額を超える場合，その超える部
分の金額を欠損金額という。欠損金額が生じるときは，課税標準であ
る所得が無いので法人税は課税されない。また，法人税は各事業年度
の所得に課税されるので，別の事業年度に生じた欠損金額は，原則と
して各事業年度の所得とは無関係である。

　一方，法人は継続して事業を営んでおり，ある事業年度の損失は前
事業年度までの利益または翌事業年度以降の利益により補填されるも
のである。したがって，長期的に見れば各事業年度の利益と損失を通
算したものが，実質的な利益といえる。

　このような考え方から法人税法は，前期以前に生じた一定の欠損金
額をその事業年度の損金に算入することを認めている。これを欠損金
の繰越控除という。

　欠損金の繰越控除は，事業年度ごとに課税する原則の例外であるの
で，次のものに限定している。

　青色申告書を提出した事業年度の欠損金の繰越

　　　前10年以内の事業年度に生じた欠損金額は，その事業年度に
　　青色申告書を提出し，その後も連続して確定申告書を提出してい
　　る場合に，資本金が１億円以下の中小法人等は所得の100％，そ
　　の他の法人は所得の50％の範囲内で損金に算入することができる
　　（法人税法第57条）。ただし，これを利用した租税回避を防止する
　　ため，特定株主等によって支配された欠損等法人に対する，欠損

金の繰越しの不適用の規定が設けられている（法人税法第57条の
２）。

災害による損失金の繰越

　　前10年以内の事業年度に生じた欠損金額のうち，棚卸資産，固
定資産等について，震災，風水害，火災その他政令で定める災害
により生じた災害損失欠損金があるときは，青色申告を提出して
ないときも，資本金が１億円以内の中小法人等は所得の100％，
その他の法人は所得の50％の範囲内で損金に算入することができ
る（法人税法第58条）。

債務免除等があった場合の欠損金の損金算入

　　法人について会社更生法等による更生手続開始の決定があった
場合には，債権者が債務を免除したり，その法人の役員が私財を
提供することが通常である。

　　しかし，その債務免除益や私財の受贈益は益金に算入される
ので，その事業年度に多額の所得が生じ法人税の負担が生じるこ
とになる。これを避けるため法人税法は，その債務の免除を受け
た金額，贈与を受けた資産の金額までは，前事業年度以前に発生
した欠損金を損金の額に算入することとしている（法人税法第59
条）。

　　また，欠損金額が生ずる事業年度で青色申告書を提出する法人
は，前１年以内の事業年度の所得に対する法人税の額に，その所得
に対する欠損金額の割合を乗じた金額の法人税の還付を請求するこ
とができる（法人税法第80条）。これを欠損金の繰戻しによる還付
といい，欠損金の繰越控除と同様の考え方から，事業年度ごとに課
税する原則の例外を設けたものである。ただし，現在この規定は，

租税特別措置法第66条の12により，資本金1億円超の普通法人について不適用とされている。

〈参　考〉

グループ通算制度

　令和4年4月1日以降平成14年に導入された連結納税制度が廃止され，これに代わるグループ通算制度が導入された。グループ通算制度は，一定のグループ内の欠損法人の欠損金額の合計額をグループ内の有所得法人の所得の合計額に占める各有所得法人の所得の比率に応じて配分し，その配分額を各有所得法人の損金に算入するものである（法人税法64条の5）。

12.　申告調整

　現在，実務において，法人は，減価償却費の計算のように企業会計上可能な場合は，法人税法および租税特別措置法の定めるところに即して会計処理を行うことが一般的である。そうであっても法人税法の定める各事業年度の所得の金額は，企業会計により作成した損益計算書の当期利益または当期損失の額とは異なっているのが通常である。そして法人税法は各事業年度の所得の算出について，法人が企業会計による決算を行うことを前提に，法人の確定した決算による利益または損失を基礎とすることとしている。すなわち，法人税法第22条および法人税法の別段の定めまたは租税特別措置法の定めに適合するように，企業会計の当期利益または当期損失の金額を変更することとしている。これを法人税の申告に当たって行うため申告調整という。申告調整は法人税の申告書上で行う。

(1)　別　表　四

　法人が確定申告または仮決算による中間申告をする場合，法人

税法施行規則別表四に定める書式により，申告調整を行う。この表は，損益計算書の当期利益または当期欠損の額の欄と加算欄・減算欄が設けられており，当期利益または当期損失に一定事項を加算・減算して所得を算出する書式である。

加算されるのは，次のようなものである。

法人が費用または損失として経理した金額で，損金の額に算入されないもの。

費用に計上した損金不算入の役員給与額，法人税等の額，減価償却の償却超過額，各種の引当金・準備金等の繰入限度超過額，交際費等の損金不算入額，寄附金の損金不算入額等である。

法人が収益として経理しなかった金額で益金の額に算入されるもの。

無償による資産の譲渡による収益，外国法人税額等

減算されるのは，次のようなものである。

法人が収益として経理した金額で益金不算入のもの。

受取配当の益金不算入額，資産の評価益の益金不算入額，還付金等の益金不算入額等である。

法人が費用または損失として経理しなかった金額で損金の額に算入されるもの。

前期否認たな卸資産の当期認容額，減価償却超過額の当期認容額等である。

以上は法人の自主的申告調整の主要なものであるが，税務調査により認定する場合には，同様の方法で加算・減算を行い所得を修正する。

加算項目では，売上計上漏れ，仕入の過大計上，費用の架空計上，資本的支出，交際費等の損金不算入額等である。減算項目では，売上計上漏れに係る原価，事業税認容額等である。

　以上の加算・減算を行うことによって法人税法上の各事業年度の所得の金額を算出する。そして別表四で算出された所得金額が課税標準であり法人税額の計算の基礎となる。

　別表四は企業会計の損益計算書を法人税法上の所得計算のため修正したものといえ，その修正の経過が明らかにされることにより，所得計算の適否の判断が容易となる。

〈参　考〉

　　事業税　　道府県の地方税で明治11年の営業税が前身である。地方団体の行政サービスへの応益負担として，事業の規模ないし活動量，あるいは収益活動を通じて実現される担税力を測定できる基準を課税標準とすべきといわれる。しかし，現在は所得金額を主な課税標準とし，一部資本等および付加価値額を課税標準としている。事業税は損金算入とされる。

(2)　別　表　五

　別表四で法人税法上の所得の算出のため損益計算が修正されることにより，損益計算書と対応していた貸借対照表の資産負債の状況も修正される必要がある。例えば，機械装置の減価償却の償却超過額が別表四で加算された場合には，超過額だけ貸借対照表上の機械装置の額より資産が多いことになるので，翌事業年度の減価償却のため，それを記録しておく必要がある。

　また，税務調査で外注先に支払った金額が外注費ではなく前渡金で未だ費用として認められないとされた場合には，別表四で外

注費の否認として加算されるとともに，前渡金として資産に計上する必要がある。そして前期に否認された前渡金が，当期に外注の作業が完了して引き渡されると当期の費用となり，別表四で減算されるとともに前渡金の減算が行われる必要がある。

　これらを表示するのが法人税法施行規則別表五である。別表五は企業会計の貸借対照表を法人税法上の貸借対照表に修正するものである。法人税法上の資産負債の状況を明らかにするものであり，これは，同族会社に適用される留保金課税の計算上も必要とされるものである。

13．法人税額の計算

(1)　法人税率

　法人税額は，算出された所得金額に税率を乗じて計算した金額である。法人税法は，公益法人等および協同組合等については，その公益性もしくは非営利性により，普通法人より低い税率とし，普通法人についても中小企業の保護の観点から軽減税率を設けている。現在税率は，次のようになっている（法人税法第66条，租税特別措置法第42条の3の2）。

法人の種類・所得金額			税率
普通法人・人格のない社団等	資本金1億円以下の法人および資本金を有しない法人	年800万円以下	15%
		年800万円超	23.2%
	資本金1億円超の法人		23.2%
公益法人等・協同組合等		年800万円以下	15%
		年800万円超	19%

地方法人税　　平成26年の税制改正により，地方交付税の財源
を確保するために地方法人税が創設された。地方法人税は，税額
控除前の法人税額を課税標準とし，税率10.3％で課され，法人税
と別に申告書を提出する必要がある。

(2)　特定同族会社の特別税率

同族会社は利益を配当等で分配せず社内に留保し，株主に課税
される配当に対する所得税を回避することが可能である。このよ
うな回避行為を抑制し課税の公平を期すため，資本金の額または
出資の額が1億円を超える同族会社について，過度の留保に対す
る特別の課税制度が設けられている（法人税法第67条）。

特定同族会社の留保金に対する課税は，次のとおりである。

課税留保金額	3,000万円以下	税率	10％
課税留保金額	3,000万円超1億円以下	税率	15％
課税留保金額	1億円超	税率	20％

課税留保金額とは，所得の金額，受取配当等の益金不算入額，
外国子会社から受ける配当等の益金不算入額，受贈益の益金不算
入額，益金不算入還付金額および繰越欠損金の損金算入額の合計
額（所得等の金額）のうち留保した金額から，法人税の額，地方
法人税の額，都道府県民税及び市町村民税の額，留保控除額を差
し引いた金額である。

留保控除額は次のうち最も多い金額である。

イ　所得等の金額の40％

ロ　年2,000万円

ハ　事業年度終了時の利益積立金額（当期の所得等の金額に係る

ものを除く。）が，資本金または出資金の25％に満たない場合
の満たない部分の金額

〈参　考〉

1.　同族会社　株主等の三人以下並びにこれらと政令で定める特
殊の関係のある個人及び法人が有する株式または出資の合計
が，発行済株式の総数または出資金額の50％超である会社をい
う（法人税法第2条第10号）。
　　特殊の関係にある個人及び法人（同族関係者）とは，次のも
のである。
　　　　親族（内縁関係を含む。）
　　　　個人株主の使用人及び個人株主から受ける金銭で生活を維
　　　　持している者及びこれらの者と生計を一にするこれらの者
　　　　の親族
　　　　株主が50％を超える株式を保有する他の会社
　　持株割合の多い順に三人選ぶが，非同族会社が含まれている
場合は，その非同族会社を除いて判定する。
　　非同族会社を含めて三人で50％を超える会社を実務上非同族
の同族会社といい，これには同族会社の特別税率の適用はな
い。
2.　特定同族会社　被支配会社（1人とその同族関係者が株式ま
たは出資の50％超を有する会社）のうち，被支配会社の判定の
基礎となった者のうちに被支配会社でない法人がある場合に
は，これを除外して判定しても被支配会社になるものをいう。
3.　平成22年の法人税法改正により，資本金の額または出資の額
が5億円以上である法人との間に完全支配関係がある普通法人
については，資本金の額または出資の額が1億円以下であって
も，所得金額800万円以下の場合の軽減税率の適用は無く，ま
た，特定同族会社の留保金に対する特別税率の適用があること

とされた。

(3) 税額控除

　法人税法は，算出された法人税額から，二重課税を防止するため一定額を控除することとしている。二重課税を防止するための税額控除には，次の二つがある。

イ　所得税額の控除

　法人が利子および配当等の支払を受ける場合には，所得税法の規定により所得税が源泉徴収される。法人に対する支払についても所得税を源泉徴収するのは，徴税の便宜のためであり，法人に所得税を負担させる趣旨ではない。法人税法は以上の考え方により，利子および配当等に課税された所得税額を法人税の額から控除することとしている（法人税法第68条）。

　なお，控除しきれなかった場合は，その控除不足額は還付される（法人税法第78条）。

ロ　外国税額の控除

　法人が外国で営業を行い所得が発生すると，外国の法人税が課税されるのが通常である。各国とも内国法人については外国で生じた所得を含む全所得に課税し，外国法人については，国内で生じた所得について課税することとしている。わが国の法人税も外国の法人税の課税の対象となった所得も含めて課税するため，外国の法人税を納付することとなる場合は，何らかの調整を行わない限り国際的な二重課税が発生する。このような二重負担は法人の国際的な経済活動を妨げることになるため，二重負担を避ける措置がとられている。わが国の法人税法は法人が外国の法人税額を納付することとなる場合，法人税額のう

ち国外源泉所得に係る国外所得金額に対応する金額（控除限度額）を限度として，外国法人税の額を税額控除することとしている（法人税法第69条）。

　国外源泉所得および国外所得金額の定義は，平成26年の改正により定められた。

〈参　考〉
　　1．　国外源泉所得
　　　　法人税法における国外源泉所得とは，①内国法人の国外事業所等（恒久的施設に相当するもの。）に帰属する所得，②国外にある資産の運用または保有により生ずる所得，③国外にある資産の譲渡による所得，④国外における人的役務の提供の対価，⑤国外にある不動産，船舶，航空機の貸付けの対価，⑥外国債，国外の預金の利子，外国法人からの配当，国外で業務を行う者からの工業所有権，著作権等の使用料等々である（法人税法第69条第4項）。
　　2．　国外所得金額
　　　　法人税法における国外所得金額とは，国外源泉所得に係る所得のみについて法人税を課するものとした場合に課税標準となるべき所得の金額で政令で定めるものをいう（法人税法第69条第1項）。
　　3．　税額控除は，二重課税の防止以外にも，政策的な目的により租税特別措置法で種々のものが設けられている。
　　　　例えば，試験研究費を支出した場合，中小企業者が特定の機械等を取得した場合等には，一定の限度額の範囲で法人税額の特別控除が認められる。

14. 申告と納付

(1) 確定申告

　　法人税の納税義務は，事業年度の終了の時に成立し，申告納税
　方式により法人が納税申告書を提出することにより税額が確定す
　る。すなわち，法人は，各事業年度終了の日の翌日から二月以内
　に税務署長に対し，確定した決算に基づき，課税標準である所得
　の金額または欠損金額，法人税の額等を記載した申告書を提出し
　なければならない（法人税法第74条）。この申告書には，その事
　業年度の貸借対照表，損益計算書，株主資本等変動計算書，勘定
　科目内訳明細書等を添付しなければならない（法人税法第74条，
　法人税法施行規則第35条）。この確定した決算に基づく申告を確
　定申告といい，その申告書を確定申告書という。

　　確定申告による税額は，確定申告書の提出期限までに納付され
　なければならない（法人税法第77条）。

　　なお，法人が会計監査人の監査を受けなければならないことか
　ら決算が確定せず，申告期限までに申告書の提出ができない常況
　にあるときは，税務署長は申請により提出期限を2月間延長する
　ことができる（法人税法第75条の2）。

　　なお，令和2年4月1日以降，資本金の額または出資金の額が
　1億円を超える法人，保健業法の定める相互会社，投資法人，特
　定目的会社は特定法人とされ，特定法人は原則として電子情報処
　理組織による申告，いわゆる電子申告が義務付けられた（法人税
　法75条の3）。

(2) 中間申告

　　法人の事業年度は1年以内であれば任意に決めることができ

る。現在は1年の事業年度が一般的となっているが，過去には6月の事業年度を採用する法人も多かった。1年の事業年度は6月の事業年度と比較すると納税額についての金利を考えた場合有利であり，負担の公平を図るため，また歳入の平均化等の観点から，中間申告の制度が設けられている。すなわち事業年度が6月を超える場合は，事業年度開始の日以後6月経過の日から2月以内に中間申告をすることとされている（法人税法第71条）。中間申告書に記載すべき税額は，前事業年度の法人税額を事業年度の月数で除し，6を乗じた金額である。6月を1事業年度として仮決算を行った場合には，それにより算出される法人税額を記載することができる。

中間申告による法人税額は，中間申告書の提出期限までに納付されなければならない（法人税法第76条）。

中間申告による法人税額は，確定申告において法人税額から控除される。確定申告で控除しきれない場合は，その控除不足額は還付される（法人税法第79条）。

(3) 青色申告

所得税と同様に，法人税法においても青色申告制度が設けられている。青色申告とは，税務署長の承認を受けて，青色の申告書により申告することである（法人税法第121条）。青色申告書に係る法人税の課税標準を更正する場合は，法人の帳簿書類を調査し，その調査により課税標準の計算に誤りがあると認められる場合に限りすることができる（法人税法第130条）。また，欠損金の繰越控除や租税特別措置法に定める各種の準備金，減価償却の特別償却の要件とされており，実務上極めて重要な役割を果たして

いる。

　青色申告の承認を受けている法人は，帳簿書類を備え付けこれ
に取引を記録し，かつ，その帳簿書類を保存しなければならない
（法人税法第126条）。帳簿書類が保存されていない場合や帳簿書
類に取引の全部または一部を隠ぺいまたは仮装して記載すること
があった場合には，税務署長は青色申告の承認を取り消すことが
できる（法人税法第127条）。

第四章 消費税法

1. 消費税の概要

　消費税法は，消費税について定めている法律である。消費税法の定める消費税は，事業者の課税資産の譲渡等に対して課される税である。消費税の税収は，令和6年度予算では23兆8,230億円であり，租税及印紙収入74兆7,879億円の31.9％を占めており，平成26年4月および令和元年10月の増税により今や消費税は最大の収入をもたらすわが国の中心的基幹税となっている。消費税の納税者数は令和4年度で個人107万人，法人203万社であった。

　消費税の用語は，消費に担税力を認めて課される旧物品税，酒税，揮発油税等を総称する一般概念としても用いられ，消費税法の定める消費税は，一般概念としての消費税に含まれるものの一つである。以下，消費税の用語は，消費税法の定める消費税を指す。

　事業者に課された消費税は，課税資産の譲渡等の対価に含まれ消費者に転嫁され，結果的に消費者によって負担されることが想定されている。納税義務者と税の実質的な負担者が異なることが想定されているので，消費税は間接税とされる。消費税法は昭和63年12月に公布，施行され，平成元年4月から適用された。消費税という新しい税が導入されたのは，財政状況の悪化により税収の増加を図る必要があったが，その増収は間接税により行われることが妥当と考えられたためである。その理由は，直接税の増収は国民の負担感が大きいこと，直接税の中心である所得税の所得の把握について，給与所得者と事業所得

者の間に不公平があるとの意識が広まり，所得税の比率を下げる必要があったこと等にある。しかし，間接税の逆進性の議論と納税義務者となる事業者の反発が強く，政治的に大きい問題となった。このことは消費税の構造に少なからぬ影響を与えている。消費税の税率は導入時は３％であったが，平成９年４月に４％（新たに創設された地方消費税を合わせると５％），平成26年４月に6.3％（地方消費税を合わせると８％）に引き上げられ，令和元年10月からは，軽減税率6.24％（地方消費税を合わせると８％）と7.8％（地方消費税を合わせると10％）の複数税率が導入された。

〈参　考〉

　　消費税法は昭和63年に抜本的税制改革の一環として制定されたものであり，消費税導入は税制改革の本体を成している。消費税法とともに公布された税制改革法は，税制改革の趣旨，基本理念および方針を明らかにしている。

税制改革法第２条　今次の税制改革は，現行の税制が，産業構造及び就業構造の変化，所得水準の上昇及び平準化，消費の多様化及び消費におけるサービスの比重の増加，経済取引の国際化等を反映して著しく変化してきた現在の経済社会との間に不整合を生じている事態に対処して，将来の展望を踏まえつつ，国民の租税に対する不公平感を払しょくするとともに，所得，消費，資産等に対する課税を適切に組み合わせることにより均衡がとれた税体系を構築することが，国民生活及び国民経済の安定及び向上を図る上で緊要な課題であることにかんがみ，これに即応した税制を確立するために行われるものとする。

２．消費税の仕組み

　消費税は消費に対して広く負担を求める税である。しかし，消費税

は消費者の消費自体を課税対象とするのではなく，消費に対応する事業者の物・サービスの販売を課税対象としている。販売について課税された税は，対価に含まれ消費者に転嫁され，消費者によって負担されるであろうから，消費税は消費に対して負担を求める税であると言えるのである。

　消費税の納税義務者は事業者であり，課税標準は課税資産の譲渡等の対価の額であり，税率は7.8%（他に地方消費税2.2%分がある）である。消費税法は，取引の各段階における消費税の累積を排除するため，仕入税額控除の制度を設けている。このため，納付すべき税額は，販売に対する税額から仕入価額に含まれている仕入先が支払ったであろう税額を控除したものである。

　その仕組みは次のとおりである（消費税を10%と仮定）。

	製造業者	卸売業者	小売業者	消　費　者
商品価格	50,000円	70,000円	100,000円	
消　費　税	5,000円	7,000円	10,000円	
販売価格	55,000円	77,000円	110,000円	支払額110,000円
仕入価格		55,000円	77,000円	
仕入税額		5,000円	7,000円	
納付税額	5,000円	2,000円	3,000円	税負担 10,000円
利　　益	50,000円	20,000円	30,000円	

　各取引段階の累積課税を排除する仕入税額控除は，消費税の最も特徴的な制度であり，また，種々の問題も含んでいる。

〈参　考〉

　　累積課税の排除が行われない場合の仕組みは次のとおりとなる（消

費税を10%と仮定)。

	製造業者	卸売業者	小売業者	消 費 者
商品価格	50,000円	70,000円	100,000円	
消 費 税	5,000円	7,500円	11,250円	
販売価格	55,000円	82,500円	123,750円	支払額118,713円
仕入価格		55,000円	82,500円	
納付税額	**5,000円**	**7,500円**	**11,250円**	**税 負 担 18,713円**
利 　 益	50,000円	20,000円	30,000円	

3. 納税義務者

(1) 事 業 者

　消費税の納税義務者は，事業者である（消費税法第5条第1項）。また，外国から物を輸入した者は，事業者でなくても納税義務者となる（消費税法第5条第2項）。

　一般概念としての消費税には，直接消費税と間接消費税がある。直接消費税は消費そのものを課税対象とし，消費をする者すなわち消費者を納税義務者とするものであり，地方税のゴルフ場利用税，旧特別地方消費税，入湯税などがこれに当たる。これらの税の徴収は，ゴルフ場や料理店の経営者等を特別徴収義務者として行われる。間接消費税は，消費に対応する販売や役務の提供の段階で課税が行われ，その税負担が物やサービスのコストに含められて消費者に転嫁されることが予定されている税のことである。消費税や酒税がこれに当たる。供給段階で課税が行われるのは，消費の段階では効果的な税の徴収が困難であるという執行上の理由による。

消費税は，間接消費税であるので消費税に係る租税法律関係は国と事業者の間に成立し，消費者と国の間には何らの法律関係も成立しない（東京地裁平成２年３月26日判決　判例時報1344号115頁）。したがって，法律的には事業者が消費者の消費税を預かるという関係は成立する余地がない。

　事業者とは，個人事業者および法人であり，個人事業者とは，事業を行う個人をいう（消費税法第２条）。そして事業とは資産の譲渡等が反復，継続，独立して行われることと解されている。消費税の事業の概念は，所得税法に定める事業の概念とは一致しない。事業者でない個人が，課税資産の譲渡等を行っても消費税の納税義務は生じない。

　法人は全て事業を行う者と考えられるので，全て事業者とされている。

〈参　考〉

　　消費税法第５条　事業者は，国内において行った課税資産の譲渡
　　　　　　等（特定資産の譲渡等を除く。第30条第２項及び第32条を
　　　　　　除き，以下同じ。）及び特定課税仕入れ（課税仕入れのう
　　　　　　ち特定仕入に該当するものをいう。以下同じ。）につき，
　　　　　　この法律により，消費税を納める義務がある。
　　　　２　外国貨物を保税地域から引き取る者は，課税貨物につ
　　　　　　き，この法律により，消費税を納める義務がある。

(2)　免税事業者

　消費税の納税義務者は事業者であるが，小規模の事業者にも全て消費税の納付を求めることは，小規模事業者の納税事務の負担が大きくなることと，納税者が多数になり執行上のコストが大

きくなることから望ましくない。したがって，消費税法は，一定の規模以下の事業者の納税義務を免除している。すなわち，事業者のうち，課税期間に係る基準期間の課税売上高が1,000万円以下である者は，消費税を納める義務が免除される（消費税法第9条）。消費税を納める義務を免除された事業者を免税事業者という。課税期間とは，課税標準である金額を合計し，それに対する税額を算出すべき期間であり，原則として，個人事業者については1月1日から12月31日まで，法人については事業年度をいう（消費税法第19条）。基準期間とは，個人事業者についてはその年の前々年をいい，法人についてはその事業年度の前々事業年度をいう（消費税法第2条第1項14号）。

　免税事業者は，納付すべき消費税の納税義務を免除されるのであるが，その場合，仕入価額に含まれている消費税額を控除することもできなくなる（消費税法第30条）。仕入れに係る消費税額が課税資産の譲渡等に係る税額より大きい場合，課税事業者であれば税額の還付が行われるが，免税事業者については税額の還付も認められない。このように，取引の状況によっては免税事業者になることが不利益になることもあり得るので，消費税法は事業者が税務署長に届出書を提出することにより課税事業者になることを認めている（消費税法第9条第4項）。

〈参　考〉

1. 消費税法第9条　事業者のうち，その課税期間に係る基準期間における課税売上高が千万円以下である者については，第5条第1項の規定にかかわらず，その課税期間中に国内において行った課税資産の譲渡等及び特定課税仕

入れにつき，消費税を納める義務を免除する。ただし，
この法律に別段の定めがある場合は，この限りでない。
（2項以下略）

2. 基準期間の課税売上高が1,000万円以下であっても，特定期
間（個人事業者は前年の1月1日から6月30日，法人は前事
業年度開始後6月）の課税売上高が，1,000万円を超えるとき
は，免税事業者とならない。この場合，特定期間中に支払っ
た給与等の合計額を，特定期間の課税売上高とすることがで
きる。

3. 課税事業者を選択した者は，2年間は継続を義務付けられ
る。その間に調整対象固定資産の課税仕入れをした者は，その
課税仕入れの課税期間以後3年間は選択をやめることができな
い（消費税法第9条第7項）。

4．課税対象

消費税は消費に広く薄く負担を求めることが特色であり，旧物品
税，酒税，揮発油税等と異なり，個別の品目ではなく，ほぼ全ての商
品の販売やサービスの提供等が課税対象とされている。しかし，本来
消費税法が課税対象としていない取引や，その取引の性格，社会政策
的配慮等から一部の取引については，消費税が課されず，または納税
義務が免除される。その概要は次のとおりである。

(1) 不課税取引

消費税法が本来課税対象としていない取引を通常不課税取引と
いう。不課税取引は，次のようなものである。

国外での取引　　わが国の企業の国外支店が国外で資産の譲渡
等を行ったとしても，それは国内の消費に関わるものではな
いので，消費税の対象にならない。

非事業者の取引　　消費税法は消費に負担を求めるについて，事業者の事業に着目して消費税制度を整えているものであり，非事業者の取引は消費税の対象にならない。個人は個人事業者の立場と消費者としての立場があり，個人の居住している家屋を売却しても，これは消費者としての取引と考えられ，課税の対象とならない。給与所得者の給料は，役務の対価ではあるが，給料支払の根拠となる雇用契約が事業に該当せず，課税対象とならない。

無　償　取　引　　消費税法は対価を支払い，商品やサービスを購入することを消費と認識して負担を求めることとしており，対価のない取引は原則として課税対象としていない。したがって，事業者が無償でサービス品を得意先に提供したり，資産を寄付しても対価を認定することはなく，また，寄附金，補助金，利益の配当を受けても，これらには一般的には対価性がないので，課税対象とはならない。

　　ただし，個人事業者がたな卸資産を家事消費した場合，法人がその役員に資産を贈与した場合は，消費税法により対価を得て行われた資産の譲渡とみなされている（消費税法第4条第4項）。

(2)　課税取引

　消費税法が課税対象とする取引のうち，非課税取引，免税取引に該当しないものを課税取引という。消費税の課税対象は，国内において事業者が行った資産の譲渡等および保税地域から引き取られる外国貨物である（消費税法第4条）。消費税は国内の消費に負担を求めるものであり，そのため国内で行われる資産の譲渡

等の全てと，国内で消費されるであろう外国貨物を課税対象としている。

資産の譲渡等とは，事業として対価を得て行われる資産の譲渡および貸付け並びに役務の提供をいう（消費税法第2条第1項8号)。

資産の譲渡等が国内で行われたかどうかの判定は次による（消費税法第4条第3項)。

資産の譲渡または資産の貸付けの場合　　原則としてその譲渡または貸付けが行われるときに，資産の所在していた場所が国内であれば，国内で行われたこととなる。

役務の提供の場合　　原則として，役務の提供が行われた場所が国内であれば，国内で行われたこととなる。ただし，国際運輸，国際通信その他でその提供の場所が明らかでないものについては，その発送地または到着地もしくは事業を行う者の事務所の所在地が国内であれば，国内で行われたこととなる。

電気通信利用役務の提供の場合　　その役務の提供を受ける者の住所，居住，本店又は主たる事務所の所在地が国内であれば，国内で行われたこととなる。

平成27年の改正で，電気通信利用役務の提供については，国内で提供を受ければ国内で行われた資産の譲渡等とされ，国外の事業者に消費税が課されることとなった。

〈参　考〉

1. 消費税法第4条　国内において事業者が行った資産の譲渡等（特定資産の譲渡等に該当するものを除く。第3項に

おいて同じ。）及び特定仕入れ（事業として他の者から
受けた特定資産の譲渡等をいう。以下この章において同
じ。）には，この法律により，消費税を課する。

　　　2　保税地域から引き取られる外国貨物には，この法律に
　　　　より，消費税を課する。

（第3項以下略）

2．資産の譲渡等には政令で定める次のような資産の譲渡もしく
　は貸付け又は役務の提供に類する行為が含まれる（消費税法施
　行令第2条）。

　　負担付贈与による資産の譲渡，金銭以外の資産の出資，貸付
　金その他の金銭債権の譲受けその他の承継，受信料を徴収する
　放送，土地収用法その他の法律による権利の取得又は消滅の補
　償，事業に付随して行われる資産の譲渡及び貸付け並びに役務
　の提供

3．特定資産の譲渡等　　国外事業者が行う事業者向け電気通信
　利用役務の提供及び特定役務の提供をいう（消費税法第2条1項
　8号の2）。特定役務の提供とは，国外事業者が行う演劇その他
　政令で定める役務の提供で，電気通信利用役務の提供に該当しな
　いものをいう（消費税法第2条1項8号の5）。

(3)　非課税取引

　　消費税法は，取引の性格，社会政策的目的から一定の取引を非
　課税取引として消費税法別表一に掲げている。これらの取引につ
　いては，消費税は課されない（消費税法第6条）。非課税取引は，
　消費に広く負担を求める消費税の趣旨から，極めて限定的に定め
　られている。概要を列挙すれば，次のとおりである。

　　消費と捉えられないもの　　土地の譲渡・貸付け，有価証券・
　　　支払手段の譲渡，利子を対価とする金銭の貸付け，郵便切

手・印紙・商品券・プリペイドカードなどの譲渡，住民
票・戸籍謄本の交付等の行政サービス，外国郵便為替・外
国為替のサービス

　　社会政策的な配慮に基づくもの　　社会保険医療，社会福祉事
業，助産，埋葬料，火葬料，身体障害者用物品の譲渡，授
業料，入学検定料，入学金（施設整備費），教科用図書の
譲渡，住宅の貸付け

　なお，保税地域から引き取る外国貨物についても，類似のもの
が非課税とされている。

　非課税取引は，消費税は課されないが，消費税法が規定の対象
としている取引であり，後に述べる課税売上割合の算定の場合に
分母となる「資産の譲渡等の対価の額」に含まれる。

(4)　免税取引

　免税とは納税義務の成立した税を一定の要件に該当するときに
免除することである。消費税は国内の消費に負担を求めるもので
あるため，消費税法は輸出される資産の譲渡や国際輸送等外国で
の消費に関わる取引については，消費税を免除している。消費税
が免除される取引を免税取引という。免税取引には仕入れに係る
消費税の控除すなわち仕入税額控除が認められるため，例えば商
品の輸出の場合国外へは無税で輸出される。そして輸入した国で
その国の消費税が課税されることを仕向地課税主義または消費地
課税主義といい，現在国際的に採られている方式である。

　消費税法は次の免税取引を定めている。

　輸出免税（消費税法第7条）

　　国内からの輸出として行われる資産の譲渡または貸付け

外国貨物の譲渡または貸付け

国内と国外の間の旅客や貨物の輸送または通信

国内と国外の間の郵便

輸出物品販売場での販売（消費税法第８条）

免税店での外国人旅行者等の非居住者に対する通常生活の
用に供する物品の譲渡（対価の額が５千円以上のもの）

〈参　考〉
1. 免税取引には，租税特別措置法が定める次のものがある。
外航船舶等に積み込む物品の譲渡等
外国公館等に対する課税資産の譲渡等
米海軍販売所等に対する物品の譲渡等
2. 仕向地課税主義に対し，輸出免税が行われず輸出国で課税が
行われ，輸入国で課税しない方式を原産地課税主義という。

(5) 特定仕入れ

　平成27年の消費税法改正により，国外の事業者が国内の者に電
気通信利用役務の提供等を行った場合は，国外事業者に消費税が
課されることとなった。しかし，その役務の提供を国内で受ける
のが事業者であった場合は，その国内事業者に消費税を課し，そ
の事業者が消費者に消費税を転嫁することが便宜である。そのた
め，国外事業者が行う事業者向け電気通信利用役務の提供等を資
産の譲渡等から除き，国外事業者への課税を行わず，特定仕入れ
（国内事業者が受けた電気通信利用役務の提供）を課税対象とし
た。特定仕入れに課された税額は，仕入税額控除される。

5. 課税標準

　課税資産の譲渡等に係る消費税の課税標準は，課税資産の譲渡等の対価の額である（消費税法第28条）。対価の額とは，対価として収受し，または収受すべき一切の金銭または金銭以外の物もしくは権利その他の経済的な利益の額であり，課税資産の譲渡等につき課されるべき消費税額および地方消費税額に相当する額を含まない。すなわち事業者が消費税分を転嫁する意図があったか否かにかかわらず，現実に支払われる対価の額には，全て消費税および地方消費税が含まれていると観念し，実際の対価の額からこれらの税相当額を減算したものが消費税の課税標準である。

　消費税の標準税率7.8％（消費税法第29条）を例にすると，実際の対価の額には消費税を課税標準とする地方消費税が含まれるが，この地方消費税の税率は78分の22である。7.8％の消費税について78分の22であるので，消費税の課税標準の2.2％に相当する。

　消費税の課税標準は，実際の対価の額から消費税7.8％と地方消費税2.2％を除いた金額であり，それは，実際の対価の額に110分の100を乗じた金額である。

　ここにいう課税資産の譲渡等の対価の額が，個々の取引に係る対価の額であるのか，課税期間における全ての取引の対価の額の合計額であるのかは，課税標準について定める消費税法第28条の文言からは，必ずしも明らかではない。しかし，消費税の申告書の記載事項に，課税標準である金額の合計額が挙げられており，また，国税通則法第15条に消費税の納税義務の成立の時期として課税資産の譲渡等をした時と定められていることから，個々の取引に係る対価の額が課税標準である。

すなわち，消費税法は，個々の取引について課税標準を設定し，課税資産の譲渡等の時に消費税の納税義務が成立すると構成している。しかし，個々に成立した消費税は個々に確定されることはない。

　消費税は申告納税方式を採っており，消費税の税額の確定は，一次的には納税者の申告によることとされている。そして，消費税法は申告書の記載事項として課税期間中の課税標準である金額の合計額と，この合計額である課税標準額に対する消費税額を記載することを求めているが，成立している個々の納税義務については何らの記載も求めていない。このことは，消費税額の算出は，個々の取引につき成立した納税義務の税額を合計するのではなく，課税期間中の取引の合計額たる課税標準額に税率を乗ずることを求めているものである。

　したがって，通常は課税期間中の対価の額の合計額に110分の100を乗じた金額に，税率7.8％を乗じて消費税額を算出する。

　令和元年10月1日から，消費税に複数税率が導入されたことから，課税標準を合計して課税標準額から税額を算出する場合に，標準税率適用の課税資産の譲渡等と軽減税率適用の課税資産の譲渡等を区分して計算することとなった。軽減対象課税資産の譲渡等の消費税額の計算は，軽減対象課税資産の課税標準額に108分の6.24を乗じて算出した税額となる。消費税額は標準税率の消費税額と軽減税率の消費税額を合計したものになる。

　消費税法が，あえて個々の取引に課税標準を認識するのは，転嫁を想定する間接税の特色を反映した構成であるといえよう。したがって，消費税法の定める課税標準の合計額である課税標準額が，税率を乗じる対象としての厳密な意味での課税標準である（国税通則法第2条）。

消費税の課税標準としては，課税資産の譲渡等に係るもののほか，特定課税仕入れ（課税仕入れのうち特定仕入れに該当するもの）に係る消費税の課税標準がある（消費税法28条2項）。

〈参　考〉

1．消費税法第28条　課税資産の譲渡等に係る消費税の課税標準は，課税資産の譲渡等の対価の額（対価として収受し，又は収受すべき一切の金銭又は金銭以外の物若しくは権利その他経済的な利益の額とし，課税資産の譲渡等につき課されるべき消費税額及び当該消費税額を課税標準として課されるべき地方消費税額に相当する額を含まないものとする。以下この項及び第3項において同じ。）とする。ただし，法人が資産を第4条第4項第2号に規定する役員に譲渡した場合において，その対価の額が当該譲渡の時における当該資産の価額に比し著しく低いときは，その価額に相当する金額をその対価の額とみなす。

2　特定課税仕入れに係る消費税の課税標準は，特定課税仕入れに係る支払対価の額（対価として支払い，又は支払うべき一切の金銭又は金銭以外の物若しくは権利その他経済的な利益の額をいう。）とする。

（第3項以下略）

6．税　　率

現在の消費税の税率は，標準税率の7.8％と軽減税率の6.2％の複数税率となっている。

消費税の税率を7.8％（地方消費税と併せて10％）とする改正は，平成24年に消費税法29条を「消費税の税率は，百分の七・八とする。」と改正することにより行われたが，その施行は二度延期され令和元年

10月1日施行となった。しかし，この改正された消費税法第29条は，施行前の平成28年税法改正により次のように改正され，その施行日は関連規定とともに令和5年10月1日とされた。

消費税法第29条　消費税の税率は，次の各号に掲げる区分に応じて当該各号に定める率とする。

　　一　課税資産の譲渡等（軽減対象課税資産の譲渡等を除く。），特定課税仕入れ及び保税地域から引き取られる課税貨物（軽減対象課税貨物を除く。）　百分の七・八

　　二　軽減対象課税資産の譲渡等及び保税地域から引き取られる軽減対象課税貨物　百分の六・二四

　軽減対象課税資産および軽減対象課税貨物は，消費税法第2条にそれぞれ定義が設けられ，別表1および別表1の2に掲げるものとされた。

　別表1には，一　飲食料品（酒類を除く食品表示法に基づく食品）の譲渡で，飲食店業者が行う食事の提供および相手の指定した場所で行う調理等の役務の提供を除くもの，二　週2回以上発行する新聞の定期購読契約による譲渡が定められ，別表1の2には，飲食料品が定められている。

〈参　考〉

令和元年の複数税率

　消費税法第29条による消費税の複数税率は，令和5年10月1日以降適用された。しかし，複数税率は令和元年10月1日から実施されていた。その根拠法は，平成28年の改正法の附則第34条（元年軽減対象資産の譲渡等に係る税率等に関する経過措置）の規定に基づくものである。

7. 前段階税額控除

(1) インボイス方式と帳簿方式

　消費税法は，課税標準額に対する消費税額が算出されると，この消費税額から課税仕入れに係る消費税額を控除することとしている。すなわち，税額控除の方式を採っている。すでに述べた各取引段階での税の累積排除の仕組みであり，ヨーロッパの付加価値税を初めわが国の消費税を特徴付ける制度である。

　一般に税額控除の制度は，算出された税額から控除される金額が，根拠のある正しいものであることを証明する手段が講じられている。消費税の場合，控除される金額は，事業者が仕入れを行ったときに，仕入先がその仕入れにつき納付したであろう消費税額であるので，その金額が証明される必要がある。すなわち，消費税の税額控除の適用を受けるには，他人の納付した税額を証明する必要がある。

　ヨーロッパの付加価値税も納税義務者は事業者であり，仕入れをする者は仕入れにつき納税義務者ではないが，売り主は，付加価値税相当額を転嫁したときに，インボイス（請求書または送り状であり，事業者の登録番号，名称と住所，取引相手の名称と住所，税抜きの価格と総額，税率，付加価値税額等が記載される。）を取引相手に交付し，仕入れをした事業者は自分の売上げに係る税額からインボイスにより証明される税額を控除する仕組みとなっている。

　わが国の場合，平成5年10月1日のインボイス制度導入前までは相手方の納付した税額を証明する手段は，仕入れた業者が帳簿および請求書等を保存することであった。これはインボイスに

よる確認ほど直接的ではないが，仕入れた事業者の帳簿および請求書等から仕入先を特定し，その段階の消費税が正しく納付されているか税務行政庁が確認することが可能であるので，制度として成り立っている。インボイスによる確認の方式をインボイス方式といい，わが国の様な方式を帳簿方式という。平成9年の3月までは，事業者が保存すべきものは「帳簿又は請求書等」と定められ，帳簿と請求書等のいずれかの保存でよいとされていたが，4月以降「帳簿及び請求書等」と改められ，双方の保存が義務付けられた。制度にとって，より整備されたものとなったといえよう。

(2)　仕入税額控除

イ　インボイス制度導入前

　　すでに述べたように，消費税法は，事業者が国内において課税仕入れを行った場合，課税標準額に対する消費税額から，その課税期間中に国内で行った課税仕入れに係る消費税額を控除する旨定めている（消費税法第30条）。控除されるべき課税仕入れに係る税額を仕入税額といい，仕入税額を消費税額から税額控除することを仕入税額控除という。

　　課税仕入れとは，事業者が，事業として他の者から資産を譲り受け，若しくは借り受け，または役務の提供を受けることをいう（消費税法第2条第1項第12号）。一般に仕入れとはたな卸資産の購入を指す場合が多いが，消費税法の課税仕入れの定義では，費用や固定資産の購入も含む極めて広い範囲のものである。

　　他の者には免税事業者や消費者も含まれるが，役務の提供に

は給与等を対価とする役務の提供は含まない。また，他の者が事業として譲渡等をしても不課税となる国外における取引や無償取引，非課税取引，免税取引は課税仕入れから除かれる。控除される税額は，本来は仕入先によって納付される税額であるから，仕入先が消費税を納付しない不課税取引，非課税取引，免税取引が課税仕入れから除かれるのは当然である。しかし，消費税を納付しない免税事業者や消費者からの仕入れについては，課税仕入れから除かれていない。これはインボイス方式を採っていない場合，仕入先が免税事業者または消費者であるか否かが，仕入れをする事業者に必ずしも明らかでないため，取引の性質が課税取引となるものを全て課税仕入れとしているものであった。

　消費税法は，課税仕入れに係る消費税額を，その課税期間中に国内で行った課税仕入れに係る支払対価の額に110分の7.8を乗じた金額と定めていた。したがって，免税事業者や消費者からの課税仕入れについては，仕入先で消費税の納付はされていないのであるが，これらを含めて，課税仕入れの全てについて7.8％の消費税の負担があったものとしてその金額を控除することとされていた。

　理論的な整合性に欠ける面はあるが，帳簿方式の下においては現実的解決といえよう。

　控除される税額が消費税額を超えるときは，超える部分に相当する消費税額が還付される（消費税法第52条）。

ロ　インボイス方式（適格請求書等保存制度）の導入
　平成28年の改正で軽減税率が導入されたことにより，仕入税

額控除に適格請求書等保存制度が導入されたが，この改正規定の施行日は令和5年10月1日とされた。いわゆるインボイス方式といわれる適格請求書等保存制度を導入した理由は，複数税率となったことにより従来の課税仕入れに係る支払対価に百八分の六・三を乗じて仕入税額を計算する方法が不適切と考えられたためである。

改正された消費税法30条は，仕入税額控除について，課税仕入れに係る消費税額を，当該課税仕入れに係る適格請求書または適格簡易請求書の記載事項を基礎として計算した金額としている。

具体的には，相手方から交付を受けた適格請求書などの請求書等（提供を受けた電磁記録を含む。）に記載されている消費税額等のうち課税仕入れにかかる部分の金額の合計額に100分の78を乗じて仕入税額を算出する。

消費税法57条の4は適格請求書について定め，適格請求書発行事業者は，資産の譲渡等を受ける他の事業者から適格請求書の交付を求められたときは，当該課税資産の譲渡等に係る適格請求書を交付しなければならないとする。ただし，事業の性質上交付が困難として政令で定める場合は，交付しなくてもよい。また，一定の場合は，電磁的記録を提供することができる。

適格請求書とは次の事項を記載した請求書，納品書その他これらに類する書類である。

①適格請求書発行事業者の氏名または名称および登録番号，②譲渡等の年月日，③譲渡等に係る

資産又は役務の内容，④税抜価額または税込価額（税率の異なるごとに区分して合計した金額及び適用税率），⑤消費税額等（税率の異なるごとに区分して計算した消費税と地方消費税の合計額），⑥書類の交付を受ける事業者の氏名または名称

適格請求書発行事業者が小売業その他政令で定める事業であるときは，書類の交付を受ける事業者の氏名または名称を記載しない適格簡易請求書を交付することができる。

適格請求書発行事業者とは，適格請求書の交付をする事業者として税務署長の登録を受けた事業者である。適格請求書発行事業者は消費税法9条の免税事業者から除かれる。

仕入税額控除の適用には，帳簿及び請求書等の保存が要件とされている（消費税法30条7項）。この請求書等は，適格請求書，適格簡易請求書，適格請求書に代えて提供する電磁的記録，政令で定める事項の記載された仕入明細書等，せり売り等の政令で定める請求書，納品書等であり，ほとんどの場合適格請求書，適格簡易請求書の保存が必要とされる。

このため，帳簿方式の時は，免税事業者や消費者からの仕入についてもその百十分の七・八が仕入税額として控除できていたが，免税事業者や消費者は適格請求書を発行できないので，従来のような税額控除が出来なくなる。そのために免税事業者が取引から排除される可能性があるので，免税事業者が適格請求書を発行できる課税事業者になる事例が多くなっている。インボイス制度導入の理由は，当初複数税率における正確な仕入税額控除を行うためとされていたが，今は免税事業者を減らす

ことをインボイス方式導入の理由に挙げることがある。

　免税事業者の不利を緩和するため令和8年9月30日までは仕入税額相当額の80％を控除できる等の経過措置もとられている。

〈参　考〉

　複数税率の下での帳簿方式

　　令和元年10月からの仕入税額控除については，平成28年改正法附則34条により消費税法30条の「課税仕入れに係る支払対価の額に百十分の七・八を乗じて算出した金額」の規定の「百十分の七・八」が，百十分の七・八（当該課税仕入れが他の者から受けた元年軽減対象資産の譲渡等に係るものである場合は百八分の六・二四）と読み替えられた。帳簿には軽減対象資産の課税仕入れとそれ以外の課税仕入れとを区分して帳簿に記載する必要がある。インボイス方式が導入されるまで複数税率の下で帳簿方式が実施されていた。

(3)　課税売上割合

　仕入税額控除は課税資産の譲渡等（以下「課税売上げ」という。）に対する消費税額から，その消費税額のうち仕入先等の前段階で納付された税額分を控除する建前であるから，消費税額の生じない非課税の資産の譲渡等（以下「非課税売上げ」という。）に対して税額控除は適用されない。

　したがって，課税売上げと非課税売上げの双方がある事業者は，課税仕入れに係る消費税額のうち課税売上げに係る部分と非課税売上げに係る部分とを区分し，課税売上げに係る税額のみを控除する必要がある。事業を行っている場合には，課税売上げとともに利子収入等の非課税売上げがあるのが通常であ

る。したがって，全ての場合にこの区分をすることは実務上の負担が大きくなる。このため消費税法では，課税期間の課税売上高が5億円以下であって，課税売上割合が95％以上のときは，仕入れに係る消費税額の全額を控除できることとしている（消費税法30条2項）。

課税売上割合は次の算式によるものである。

$$課税売上割合 = \frac{課税資産の譲渡等の対価の額}{資産の譲渡等の対価の額}$$

$$\left(\begin{array}{l}全て消費税および地方消費税の額を含まない。\\原則として端数処理を行わない。\\切り捨てているときは認められる。\end{array}\right)$$

課税売上高が5億円超または課税売上割合が95％未満のときには，控除すべき消費税額の算定につき，次の二つの方式のいずれかを選択して適用することとしている。

個別対応方式　課税仕入れを

課税資産の譲渡等にのみ要するもの

非課税資産の譲渡等にのみ要するもの

共通して要するもの

に区分し，課税資産の譲渡等にのみ要する仕入れの税額と，共通して要する仕入れの税額に課税売上割合を乗じた金額の合計額を仕入税額とする。

一括比例配分方式　課税仕入れを区分できない場合や，区分できても選択することにより，課税仕入れ等の税額に課税売上割合を乗じた金額を仕入税額とする。

〈参　考〉

1. 消費税法第30条　事業者（第９条第１項本文の規定により消費税を納める義務が免除される事業者を除く。）が，国内において行う課税仕入れ（特定課税仕入に該当するものを除く。以下この条及び第32条から第36条までにおいて同じ。）若しくは特定課税仕入れ又は保税地域から引き取る課税貨物については，次の各号に掲げる場合の区分に応じ当該各号に定める日の属する課税期間の第45条第１項第２号に掲げる消費税額（以下この章において「課税標準額に対する消費税額」という。）から，当該課税期間中に国内において行った課税仕入れに係る消費税額（当該課税仕入れに係る適格請求書（第57条の４第１項に規定する適格請求書をいう。第９項において同じ。）の記載事項を基礎として計算した金額をいう。以下この章において同じ。），当該課税期間中に国内において行った特定課税仕入れに係る消費税額（特定課税仕入れに係る支払対価の額に百分の七・八を乗じて算出した金額をいう。以下この章において同じ。）及び当該課税期間における保税地域からの引取りに係る課税貨物（他の法律又は条約の規定により消費税が免除されるものを除く。以下この章において同じ。）につき課された又は課されるべき消費税額（附帯税の額に相当する額を除く。次項において同じ。）の合計額を控除する。

一　国内において課税仕入れを行った場合　当該課税仕入を行った日

二　国内において特定課税仕入れを行った場合　当該特定課税仕入れを行った日

（中略）

7　第一項の規定は，事業者が当該課税期間の課税仕入れ
等の税額の控除に係る帳簿及び請求書等（請求書等の交
付を受けることが困難である場合，特定課税仕入れに係
るものである場合その他の政令で定める場合における当
該課税仕入れ等の税額については，帳簿）を保存しない
場合には，当該保存がない課税仕入れ・特定課税仕入れ
又は課税貨物に係る課税仕入れ等の税額については，適
用しない。ただし，災害その他やむを得ない事情によ
り，当該保存をすることができなかったことを当該事業
者において証明した場合は，この限りでない。

　　　　（第8項以下略）

2．リバースチャージ方式

国外事業者が行う電気通信利用役務の提供等は国外事業者
に課税されるが，この提供等を事業者が受けた場合は，これ
を特定仕入れとして国内の事業者に課税する。そして，特定
仕入に課された消費税額を特定課税仕入れに係る消費税額と
して税額控除する方式をリバースチャージ方式と呼んでい
る。

(4)　簡易課税制度

消費税の基本的仕組みである仕入税額控除を適用するには，
少なくとも課税売上げと非課税売上げの区分が必要とされる。そ
して，このような区分は小規模の事業者にとっては必ずしも容
易なことではないと考えられたため，一定規模以下の事業者は，
より簡便な税額控除の制度を選択できることとされている。これ
が簡易課税制度である。簡易課税制度は，中小事業者の事務負担
に配慮して設けられたもので，課税仕入れの支払対価の額に関わ
らず，課税標準額に対する消費税額を基に仕入れに係る消費税額

を計算できる制度であり，その基準期間における課税売上高が5,000万円以下の事業者が選択できるものである（消費税法第37条）。これは，結果的に課税標準額の一定割合を納付税額とするものである。

すなわち，仕入れに係る消費税額を次により算出する。

仕入れに係る消費税額

＝課税標準額に対する消費税額×みなし仕入率

政令で定める事業	みなし仕入率
第一種事業　卸売業	90％
第二種事業　小売業	80％
第三種事業　農業，建設業，製造業等	70％
第四種事業　その他	60％
第五種事業　運輸通信業，金融業及び保険業，サービス業（飲食店業を除く。）	50％
第六種事業　不動産業	40％

〈参　考〉

1. 簡易課税を選択した場合は，２年間は変更することができない。
2. 課税事業者を選択した者で，その間に調整対象固定資産の課税仕入れをした者等は，課税仕入れの課税期間以後３年間は簡易課税を選択できない。

8．課税期間・申告・納付

(1) 課税期間

課税期間とは，個人事業者については１月１日から12月31日ま

で，法人については事業年度をいう（消費税法第19条）。課税期間内に行われた課税資産の譲渡等について課税標準額に対する消費税額が算出され，課税期間内の課税仕入れにつき仕入税額が算出され，納付すべき消費税額が算定される。したがって，課税期間とは消費税の納税義務の範囲を定める期間である。個人事業者は税務署長への届出により１月ごとの期間または１月—３月，４月—６月，７月—９月，10月—12月を課税期間とすることができる。法人も同様に，事業年度を１月または３月ごとに区分した各期間を課税期間とすることができる。

(2) 申告・納付

イ 確定申告

免税事業者を除く事業者は，課税期間ごとに課税期間の末日の翌日から２月以内に，申告書を税務署長に提出しなければならない（消費税法第45条）。ただし，法人税の確定申告書の提出期限が延長されている法人は，税務署長に延長届出書を提出することにより２月以内を３月以内に延長することができる（消費税法第45条の２）。

課税資産の譲渡等がなく，かつ税額控除後の消費税額がない課税期間については申告書の提出を要しない。確定申告に係る消費税は，申告期限までに納付しなければならない（消費税法第49条）。

すでに述べたように，課税期間内に個々の課税資産の譲渡等について成立した消費税の納税義務は，個々に確定するのではなく，課税期間内の課税標準の合計額である課税標準額について消費税額を計算し，仕入税額控除を経て納付すべき税額が算

出される。これが消費税の納税義務であり，事業者の申告により その税額が確定する。

　消費税法による個人事業者の申告期限は2月末日であるが，現在，租税特別措置法により3月31日に延長されている（租税特別措置法第86条の4）。

ロ　中間申告

　消費税についても，課税期間が1年と長い場合が多く，一時に多額の税額を納付するのは納税者の負担が大きいことと，歳入の平準化の要請とから中間申告の制度が設けられている。中間申告の理由としては，消費税が間接税であることから，消費者の負担した金額を早期に国の歳入にすべきであるとの考えもある。

　課税期間1年の場合，中間申告をする必要のある者は，次のとおりである（消費税法第42条，第48条）。

直前の課税期間の消費税額が4,800万円を超える事業者

　　課税期間の開始の日以後1月ごとに区分した各期間から2月以内に，直前の課税期間の消費税額の12分の1を申告し，納付しなければならない。

直前の課税期間の消費税額が400万円を超え4,800万円以下の事業者

　　課税期間開始の日以後3月ごとに区分した各期間から2月以内に，直前の課税期間の消費税額の12分の3を申告し，納付しなければならない。

直前の課税期間の消費税額が48万円を超え400万円以下の事業者

　　課税期間開始の日以後6月から2月以内に直前の課税期間

の消費税額の12分の6を申告し, 納付しなければならない。

直前の課税期間の消費税額が48万円以下の課税事業者は中間申告をする必要がない。

中間申告をすべき事業者は仮決算により中間申告をすることができる。

中間申告書の提出がない場合は, 提出があったものとみなされる (消費税法第44条)。この場合, 消費税の徴収が可能となる。

中間申告により納付した中間納付額は, 確定申告に係る消費税額から控除される。

ハ 還付申告

免税事業者を除く事業者は, 課税標準額に対する消費税額から仕入れに係る消費税額を控除してなお不足額があるとき, また, 確定申告に係る消費税額から中間納付額を控除してなお不足額があるときは, 還付を受けるための申告書を税務署長に提出することができる (消費税法第46条)。

〈参 考〉

消費税の確定申告書の主な記載事項は次のとおりである (消費税法第45条)。

課税標準額, 課税標準額に対する消費税額, 控除税額 (控除対象仕入税額, 返還等対価に係る税額, 貸倒れに係る税額), 納付税額, 控除不足還付税額, 中間納付税額, 中間納付還付税額, 課税売上割合 (課税資産の譲渡等の対価の額, 資産の譲渡等の対価の額)

9. 消費税の会計処理

　消費税をどのように会計処理するかは，会計の目的に合うように会計の側面から決めるものであるから，消費税法は会計処理についての定めを設けていない。消費税法は，法人税法と異なり，事業者の企業会計および確定決算を前提としていない。消費税法も帳簿の備え付けを事業者に義務付けているのであるが（消費税法第58条），この帳簿は必ずしも企業会計における帳簿であることを要しない。帳簿の記載内容も，資産の譲渡等の相手方の氏名または名称，年月日，資産または役務の内容等である。もちろん企業会計における帳簿がこの要件を満たしていれば企業会計における帳簿で足りる。

　一方，会計上は消費税を処理する必要があり，現実には税込経理と，税抜経理の二つの方法が採られている。税込経理は消費税相当額を売上高および仕入高に含めて処理する方法であり，税抜経理は，消費税相当額を売上高および仕入高に含めず，仮受金および仮払金として処理する方法である。前者の場合，事業者の納付する消費税額は租税公課として費用となる。後者の場合は，仮受金と仮払金の差額が納付すべき消費税額に相当し，これを仮受金の払出しとして経理するものである。後者の処理についても，法人税法上認められている。消費税の法律的な構成からいえば，税込経理が本則と考えるが，消費税の経済的な意味と消費税を単なる通過勘定として処理できる便宜とから，税抜経理が行われる例が多い。いずれの処理方法であっても，消費税の計算においては極めて細部を除いて消費税額が異なることにはならない。しかし，法人税の計算においては消費税の経理処理の方法により，法人税額に相違が生じることとなる。平成9年，平成26年，令和元年に税率が引き上げられたため，この相違はより大きくなって

いる。

〈参　考〉

　　価格の表示　　商品等の販売価格の表示について，消費税相当額を
含んだ価格を表示する方法を内税方式といい，消費税相当額を価格か
ら減算した価格を表示し，別途，消費税相当額として領収する方法を
外税方式とよんでいる。外税方式が認められていた根拠は，直接的に
は税制改革法第11条である。

税制改革法第11条第１項　事業者は，消費に広く薄く負担を求めると
　　　　いう消費税の性格にかんがみ，消費税を円滑かつ適正に転嫁す
　　　　るものとする。その際，事業者は，必要と認めるときは，取引
　　　　の相手方である他の事業者又は消費者にその取引に課せられる
　　　　消費税の額が明らかとなる措置を講ずるものとする。

　　　　　　（第２項略）

　　しかし，外税方式が価格表示として不正確であり，かつ不便である
ことから，平成15年の改正で次の規定が設けられ，内税方式に近い総
額表示が義務付けられた。

消費税法第63条　事業者（第９条第１項本文の規定により消費税を納
　　　　める義務が免除される事業者を除く。）は，不特定かつ多数の
　　　　者に課税資産の譲渡等（第７条第１項，第８条第１項その他の
　　　　法律又は条約の規定により消費税が免除されるものを除く。以
　　　　下この条において同じ。）を行う場合（専ら他の事業者に課税
　　　　資産の譲渡等を行う場合を除く。）において，あらかじめ課税
　　　　資産の譲渡等に係る資産又は役務の価格を表示するときは，当
　　　　該資産又は役務に係る消費税額及び地方消費税額の合計額に相
　　　　当する額を含めた価格を表示しなければならない。

第五章　地　方　税　法

1.　地方税の概要

　地方税法は，地方税すなわち都道府県税および市町村税について定める法律である。国税については，各税の通則的規定を定める国税通則法，徴収手続を定める国税徴収法が個別法として制定され，また各税についても，原則として，その課税要件等を定める個別法が制定されている。しかし，地方税については，地方税に関する通則的規定と徴収手続に関する規定，各地方税の課税要件等の規定をまとめて地方税法という一つの法律で定めている。このことから，地方税法の構成は，第一章　総則，第二章　道府県の普通税，第三章　市町村の普通税，第四章　目的税，第五章　都等及び固定資産税の特例，第六章　電子計算機を使用して作成する地方税関係帳簿書類の保存方法等の特例，第七章　地方税における税負担軽減措置等の適用状況等に関する国会報告となっている。

　地方税法第1条は道府県または市町村を「地方団体」の用語で定め，地方税法第2条は，「地方団体は，この法律の定めるところによって，地方税を賦課徴収することができる。」と定めている。また，地方自治法第223条も，「普通地方公共団体は，法律の定めるところにより，地方税を賦課徴収することができる。」と定めている。地方団体が課税権を有することについては，これらの規定により具体的に明らかにされている。また，憲法第92条は，「地方公共団体の組織及び運営に関する事項は，地方自治の本旨に基づいて，法律でこれを定め

る。」と規定しており，地方自治の本旨の内容の一つである団体自治には課税権を含むと解されることから，地方団体が課税権を有することは憲法により根拠付けられているといえよう。

　また，地方税法第3条は，「地方団体は，その地方税の税目，課税客体，課税標準，税率その他賦課徴収について定をするには，当該地方団体の条例によらなければならない。」と定めている。これは，地方税の課税要件等を地方団体の議会が条例によって定めることを要求するもので，地方自治の本旨の内容である住民自治からも要請されるものであり，条例により課税要件等を定めることは憲法上の要請でもあるといえよう。したがって，地方税法が定める各地方税の課税要件等は，直接地方団体の住民を拘束するものではなく，条例が制定されて初めて，条例に基づいて納税義務が成立することになる。地方税法は，個々の地方団体が全く独自に課税を行うことによる，各団体の住民間の不公平を避けるために，国全体の観点から，地方団体が課税すべき地方税の課税要件等を規定するものである。その意味で，地方税法は各地方団体が定めるべき地方税の標準を定めているといえる。このことは，地方税法の定める税率が，原則として通常よるべき税率である標準税率とともに上限の税率である制限税率を定め，地方団体に税率の選択を認めていることに端的に表れている。そのように，地方団体の選択が認められる場合もあるが，地方団体は地方税法に定める地方税を条例により定めなければならず，地方税法が許容している場合を除き，特定の地方税を設けない自由はない。一方，地方税法に定めていない税目を起こして普通税を課すことは，地方税法により許容されているので認められる。また，平成11年に成立した地方分権一括法により地方税法が改正され，特定の費用に充てるために，法定外の

目的税を課すことも可能となった。

法律は条例の上位法であるので，地方税法が禁止している内容を定める条例は違法であり，その条例の規定は無効である。

課税標準等については，条例により定められて初めて住民を拘束し，納税義務が成立するが，第一章総則に定める更正，決定の期間制限，地方税と他の債権との調整，不服審査と訴訟等の規定は，直接住民に適用があるのは当然である。

令和6年度の地方財政計画による地方税全体の税収は42兆7,329億円と見積もられており，歳入の45.6％となっている。

本章においては，比較的身近な道府県民税，市町村民税，事業税，固定資産税について概説する。

〈参 考〉

1. 東京都について，地方税法中道府県に関する規定は都に，市町村に関する規定は特別区に準用されるほか，道府県民税，市町村民税を都民税，特別区民税として課税する等の規定が設けられている。

2. 最高裁平成25年3月21日第一小法廷判決 判例時報2193号3頁（神奈川県臨時特例企業税事件）は，「法定普通税についての強行規定に反する内容の定めを設けることによって当該規定の内容を実質的に変更すること」が許されないとして，法定外普通税条例を無効とした。当該条例は法定税の強行規定と異なる内容を定めたものであるが，法定外税については異なる内容が常に違法なのではなく，その内容を定めることが禁止されていた場合にのみ，その条例が違法無効になると解すべきである。

2. 道府県民税

道府県民税は，道府県が課税する道府県税であり，個人に対する道

府県民税と法人に対する道府県民税とで，課税要件が異なる。

(1) 個人の道府県民税

　道府県内に住所を有する個人については，均等割額および所得割額の合算額により道府県民税が課税される。道府県内の営業所から利子等の支払を受ける者は，利子割額により道府県民税が課される。特定の配当または株式の譲渡対価の支払を受けるべき日に，道府県内に住所を有する者は，配当割額または株式等譲渡所得割額によって道府県民税が課税される。均等割とは，均等の額により課税される道府県民税であり，所得割とは所得によって課する道府県民税である。利子割とは支払を受ける利子等の額によって，配当割とは支払を受ける特定配当等の額によって，株式等譲渡所得割とは特定株式等譲渡所得金額によって課される道府県民税である。

　所得割の課税標準である所得は前年の所得であり，原則として所得税法の規定による所得計算の例によるが，所得控除の金額が異なる等所得税法上の所得とは一致しない。

　所得割の標準税率は４％（異なる率を定める場合も一つの率）であり，均等割の標準税率は1,500円である。

　個人の道府県民税の税額の確定は賦課課税方式によることとされており，その賦課徴収は，当該道府県内の市町村が市町村の個人の市町村民税の賦課徴収の例により市町村民税の賦課徴収と併せて行う。

　利子割については，現在，利子の支払時に５％の税率で特別徴収され分離課税となっている。

　配当割および株式等譲渡所得割についても税率５％で特別徴収

される。

　なお，個人の道府県民税は，その道府県に住所を有さず，事務所，家屋敷を有するのみであっても均等割が課される。均等割の課税は，住所を有することにより，または住所を有さなくても事務所，家屋敷を有することにより，その道府県の行政の恩恵を受けていると考えられるためである。地方税には受益に対応する負担の考え方が取り入れられている。

(2)　法人の道府県民税

　道府県内に事務所または事業所を有する法人は，均等割額および法人税割額の合算額により道府県民税が課税される。道府県内に，事務所は無いが，寮，宿泊所，クラブ等を有する場合には，均等割が課される。その趣旨は，個人の場合と同様である。

　法人税割とは，法人税額または個別帰属法人税額を課税標準として課税する道府県民税である。均等割の標準税率は，資本金等の額により，1,000万円以下年額2万円から50億円超80万円まで段階的に決められている。法人税割の標準税率は1％であり，2％を超えて定めることはできない。

　法人税の申告書を提出する義務のある法人は，その申告書の提出期限までに法人の道府県民税の申告書を，事務所，事業所または寮等の所在地の道府県知事に提出し，申告した道府県民税を納付しなければならない。すなわち，法人の道府県民税については，税額の確定に申告納税方式が採用されている。二以上の道府県に事務所，事業所を有する法人の申告納付は，その法人の法人税額を関係道府県に分割して法人税割額を算出し，これに均等割額を加算した額を申告納付しなければならない。この分割は，法

― 233 ―

人の事業所または事務所について，従業員数に按分して行う。

〈参　考〉

申告納付　　納税者がその納付すべき地方税の課税標準額及び
税額を申告し，及びその申告した税額を納付することをいう（地
方税法第1条第1項第8号）。

3.　市町村民税

市町村民税は，市町村が課税する市町村税であり，道府県民税と同
様に，個人と法人で課税要件を異にしている。

(1)　個人の市町村民税

市町村内に住所を有する個人は，均等割額および所得割額の合
算額により市町村民税が課される。市町村内に住所は有さない
が，事務所，事業所，家屋敷を有する個人には，その市町村の均
等割額も課税される。所得割の課税標準である所得は，道府県民
税の所得と同じ前年の所得である。所得割の標準税率は6％（異
なる率を定める場合も一つの率）であり，均等割の標準税率は
3,500円となっている。

個人の市町村民税の徴収については，原則として普通徴収の
方法によることとされている。普通徴収とは，徴税吏員が納税通
知書を納税者に交付することによって地方税を徴収することであ
る。これは税務行政庁の処分により税額を確定するものであり，
賦課課税方式による確定手続である。

納税通知書には，前年の所得に対する所得割額と均等割額の
合算額およびその算定の基礎を記載しなければならない。また，
納税通知書は遅くても納期限前10日までに交付しなければならな

い。市町村民税の納期は，6月，8月，10月，1月中に条例で定めることとされている。

　なお，給与所得者については，特別徴収によることとされている。特別徴収とは，地方税の徴収について便宜を有する者に地方税を徴収，納付させることをいう。市町村民税では，給与の支払者を特別徴収義務者としており，給与の支払者が給与の支払の際毎月徴収し，翌月納付することとされている。特別徴収は，所得税の源泉徴収制度と法的構造が異なる。

　納税通知書により税額を通知する場合，市町村は，個人の前年の所得を把握しておく必要がある。そのため市町村内に住所を有する個人は，3月15日までに前年の総所得金額，退職所得金額，山林所得金額その他の事項を記載した申告書を提出しなければならない。提出先は，賦課期日である1月1日現在における住所所在地の市町村である。この場合の市町村税の申告は，課税標準の申告であり，これにより税額を確定させるものではない。

　給与所得者で給与所得以外の所得が無かった者は，市町村税の申告を要しない。これは，給与の支払をする者は，給与所得者について給与支払報告書を市町村に提出する義務があり，それにより所得の把握が可能であるからである。

　また，市町村内に住所を有する個人が，前年分の所得税につき税務署長に確定申告書を提出した場合は，市町村税の申告書が提出されたものとみなされる。この場合は，市町村長は所得税の申告書を閲覧し記録をすることが認められており，それにより，所得の把握が可能であるからである。

　市町村民税を賦課し，徴収する場合は，その個人の道府県民税

を併せて賦課徴収することとされている。個人の市町村民税と個人の県民税は個人住民税といわれている。

〈参　考〉

1.　賦課期日　　市町村税の賦課期日は当該年度の初日の属する年の1月1日と定められている。市町村税の申告は，賦課期日現在における住所所在地の市町村に提出しなければならない。賦課期日の制度は，その日の現況により課税主体を特定するものであり，課税主体が多数ある地方税に必要な制度である。

2.　退職所得　　退職所得に係る所得割については，その年中の退職所得について分離課税により，特別徴収の方法で徴収される。

3.　地方税における令和6年度分の定額減税
　　令和6年度分の個人住民税の所得割については，合計所得金額1805万円以下の納税義務者について，特別控除が認められる。その額は本人1万円，配偶者1万円および扶養親族1人につき1万円を合計した金額である。所得税と合わせて一人4万円の定額減税となる。

(2)　法人の市町村民税

　市町村内に事務所または事業所を有する法人は，均等割額と法人税割額の合算額により市町村民税が課される。市町村内に事務所や事業所は無いが，寮，宿泊所，クラブ等を有する法人はその市町村の均等割額も課される。

　均等割の標準税率は，資本金等の額とその事業所の従業員数により，1,000万円以下で50人以下の場合の年額5万円から，50億円超50人超の場合の年額300万円まで段階的に決められている。法人税割の標準税率は6％であり，8.4％を超えて定めることはできない。

法人税の申告書を提出する義務のある法人は，その申告書の提出期限までに法人の市町村民税の申告書を，事務所，事業所または寮等の所在地の市町村長に提出し，申告した市町村民税を納付しなければならない。法人の市町村民税については，道府県民税と同様に税額の確定に申告納税方式が採用されている。二以上の市町村に事務所，事業所を有する法人の申告納付は，道府県民税と同様であり，その法人の法人税額を関係市町村に分割して法人税割額を算出し，これに均等割額を加算した額を申告納付しなければならない。

4．事 業 税

　事業税は，法人の行う事業および個人の行う事業に対して課される道府県税である。同じ事業に対する課税ではあるが，法人と個人では課税要件等が異なっている。

　(1)　法人の事業税

　　法人の行う事業は，原則としてどのような事業であっても課税対象となる。しかし，道府県は，国，都道府県，市町村，特別区等の公共団体，地方税法が個別に掲げる公共的法人に対しては事業税を課すことができない。また，地方税法が個別に掲げる公益的法人については，収益事業についてのみ事業税が課される。林業，鉱物の堀採事業，農事組合法人の行う一定の農業については，道府県は事業税を課すことができない。

　　法人の事業税の課税標準は，電気供給業，ガス供給業，生命保険業および損害保険業については，各事業年度の収入金額である。その他の事業については，一般に各事業年度の所得である

が，資本金等の額が１億円を超える法人等については，平成16年から外形標準課税が行われることとなった。

　電気供給業，ガス供給業の収入金額は，その事業年度においてその事業について収入すべき金額の総額から，国または公共団体から受けるべき補助金，固定資産の売却収入その他政令で定める収入金額を控除した金額である。生命保険業，損害保険業の収入金額は，保険の種類により収入保険料に一定の率を乗じた金額である。この事業税を収入割という。

　その他の事業の各事業年度の所得は，各事業年度の益金の額から損金の額を控除した金額によるものとし，特別の定めをする場合の他は，法人税の課税標準である所得の計算の例によって算定することとされている。この事業税を所得割という。

　外形標準課税とは，所得割のほか資本等の金額によって課す資本割と付加価値によって課す付加価値割による課税をいう。

　付加価値額とは，各事業年度の支払報酬給与，利子，賃借料と法人税の所得計算の例による損益の合計額である。

　事業税の標準税率は，収入金額を課税標準とする法人については収入金額の１％であり，所得を課税標準とする法人については，400万円以下の所得につき3.5％，400万円超800万円以下の所得の5.3％，800万円超の所得の7.0％である。これと別に，農業協同組合，生活協同組合，信用金庫，医療法人等地方税法の定める特別法人については，400万円以下3.5％，400万円超4.9％と定められている。

　外形標準課税が行われる法人については，付加価値割の標準税率は1.2％であり，資本割の標準税率は0.5％とされている。一

方，所得割については，400万円以下0.4％，400万円超800万円以下0.7％，800万円超1.0％と軽減されている。

法人は，各事業年度終了の日から2月以内に，確定した決算に基づき，事務所または事業所所在の道府県に申告納付しなければならない。法人の事業税については，税額の確定は申告納税方式によっているのである。事業年度が6月を超える法人は，前事業年度の事業税の税額に基づき中間申告をする必要がある。

2以上の道府県に事務所，事業所を有する法人は，課税標準額の総額を関係道府県に分割し，その分割した額を課税標準として事業税を算定し関係道府県に申告納付しなければならない。その分割は，原則として，事務所または事業所の従業員の数により按分して行うが，特定の事業にあっては，固定資産の額，事業所の数，事業所の従業員数等を勘案して定める分割基準により行う。

(2) 個人の事業税

事業税は個人の行う第一種事業，第二種事業および第三種事業に対して課される。第一種，第二種，第三種の事業はそれぞれ地方税法で定める各業種であって，第一種事業は，物品販売業を初めとする多くの業種であり，一般に営業とよばれる事業であり，第二種事業は一次産業に属する畜産業，水産業，薪炭製造業であり，第三種事業は医業，弁護士業，美容業等特定の資格を必要とする例の多い自由業とよばれる業種が定められている。これに該当しない業種であれば，事業として行われていても課税の対象にはならない。

個人の事業に対する事業税の課税標準は，前年中における個人の事業の所得である。事業の所得は，前年の事業に係る総収入金

額から必要な経費を控除した金額による。そして特別の定めがある場合を除き，所得税の不動産所得，事業所得の計算の例によって算定する。その際，290万円の事業主控除が認められる。

　事業税の標準税率は，第一種事業については5％，第二種事業については4％，第三種事業は，原則として5％であるが，マッサージその他の医業に類する事業，装蹄師業については3％とされている。

　個人の事業税については，道府県知事が，原則として所得税の課税標準を基準として課税し，所得税の課税標準によりがたい場合はその調査によって課税する。すなわち，税額の確定について，賦課課税方式を採っている。このため，個人の事業税の納税義務者は，その年の3月15日までに事業の所得の計算に必要な事項を事務所または事業所所在地の道府県知事に申告しなければならない。ただし，前年分の所得税につき確定申告書を提出するか，道府県民税について個人の道府県民税の申告書を提出した場合は，事業税についての申告がされたものとみなされる。

　事業税の納期限は8月および11月中において条例で定めることとされており，納税通知書は，遅くとも納期限前10日までに納税者に交付しなければならない。

　二以上の道府県で事務所，事業所を設けて事業を行う個人の課税標準の総額は主たる事務所所在地の道府県知事が決定し，それを事務所または事業所の従業員数に按分して，関係道府県の課税標準とすべき所得を決定する。その際，所得の総額およびその課税標準とすべき所得を，関係道府県知事と納税者に通知しなければならない。

5. 固定資産税

　固定資産税は，固定資産の所有者に課される市町村税であるが，大規模の償却資産については，道府県も課税する特例が定められている。

(1) 課税要件

　　固定資産とは，土地，家屋および償却資産の総称であり，償却資産とは，土地および家屋以外の事業の用に供することができる資産でその減価償却費が法人税法または所得税法の損金または必要経費に算入されるものをいう。ただし，自動車税の課税客体となる自動車，軽自動車税の課税客体となる原動機付き自転車，軽自動車等は償却資産から除かれている。

　　固定資産税は，国，都道府県，市町村，特別区，これらの組合，財産区および地方開発事業団に対しては課されない。また，固定資産税の課税されない固定資産として，墓地，国宝，重要文化財，皇位とともに伝わる由緒ある物等および公共的法人，公益的法人の特定の固定資産が定められている。

　　固定資産税の納税義務者は，原則として固定資産の所有者であり，法人，個人を問わない。この場合の所有者とは，土地については，土地登記簿もしくは土地補充課税台帳に所有者として登記または登録されている者であり，家屋については，建物登記簿もしくは家屋補充課税台帳に所有者として登記または登録されている者である。登記簿に所有者として登記されている者が，真実の所有者でない場合があるが，確実な課税のため画一的に処理できるように法律により定められた制度である。賦課期日（1月1日）以前に登記簿上の所有者が死亡している等の場合は，賦課期

日において現に所有している者が所有者とされる。

　固定資産税の課税標準は，土地または家屋については基準年度の賦課期日の価格であって，土地課税台帳または土地補充課税台帳，家屋課税台帳または家屋補充課税台帳に登録されたものである。基準年度とは昭和33年から起算して3の倍数の年度を経過した年度のことであり，直近では令和6年度が基準年度になる。また，価格とは適正な時価をいう。基準年度の翌年である第二年度，翌々年である第三年度についても，基準年度の価格により課税されるのであるが，地目の変更，改築等があった場合や，第二年度において新たに固定資産税を課すこととなる土地または家屋は，類似する土地または家屋の基準年度の価格に比準する価格で台帳に登録された価格による。

　住宅用地については，課税標準となるべき価格の3分の1の額を課税標準とし，その住宅用地が200平方メートル以下であれば，6分の1の額を課税標準とする特例が定められている。

　償却資産の課税標準は，賦課期日における当該償却資産の価格で償却資産課税台帳に登録されたものである。変電または送電施設等公共的な事業に供する償却資産については，一定の減額の特例が定められており，また償却資産の価格が市町村の規模により定められた金額を超える大規模償却資産についても，減額の特例が定められている。

　市町村は，同一の者について，課税標準が土地30万円未満，家屋20万円未満，償却資産150万円未満の場合には，それぞれに固定資産税を課すことができない。ただし，財政上その他特別の必要がある場合は，条例の定めるところにより課税することができる。

固定資産税の標準税率は1.4%であり，2.1%が制限税率とされていたが，平成16年に課税自主権拡大の見地からこの制限税率は廃止された。

(2)　賦課および徴収

　固定資産税の徴収については，普通徴収の方法によることとされており，賦課課税方式により税額の確定が行われる。市町村は固定資産税の納期前10日までに納税者に納税通知書を交付しなければならない。固定資産税の納期は4月，7月，12月，2月中において条例で定める日である。納税通知書の課税標準額には，土地，家屋，償却資産のそれぞれの課税標準額と合計額を記載しなければならない。

　市町村は，固定資産の状況および固定資産の課税標準である価格を明らかにするため固定資産課税台帳を備えなければならない。固定資産課税台帳とは，次の各台帳の総称である。土地登記簿に登記されている土地については，土地課税台帳に基準年度の価格その他必要事項を登録し，土地登記簿に登記されていない土地については，土地補充課税台帳に基準年度の価格その他必要事項を登録しなければならない。建物登記簿に登記されている家屋については，家屋課税台帳に基準年度の価格その他の必要事項を登録し，建物登記簿に登記されていない建物については，家屋補充課税台帳に基準年度の価格その他の必要事項を登録しなければならない。償却資産については償却資産課税台帳に価格その他の必要事項を登録しなければならない。

　登記所は，土地または建物の表示に関する登記をしたときは，10日以内に土地または家屋の所在地の市町村長に通知しなければ

ならない。また，市町村長は，条例の定めるところにより住宅用地の所有者にその住宅用地について固定資産税の賦課徴収に必要な事項を申告させることができる。固定資産税の納税義務者である償却資産の所有者は，毎年1月1日の償却資産について，償却資産の課税台帳の登録および価格の決定に必要な事項を市町村長に申告しなければならない。このような制度により，市町村は固定資産課税台帳に必要事項を登録できるのである。また，市町村の徴税吏員には，固定資産税の賦課徴収に関する調査のための質問検査権が認められている。

(3) 評価および価格の決定

固定資産課税台帳に登録すべき価格の決定は，次のように行われる。

総務大臣は，地方財政審議会の意見をきいて，固定資産の評価の基準並びに評価の実施の方法および手続を定めた固定資産評価基準を定める。船舶等の移動性償却資産や鉄道，発電の用に供する固定資産等特定の資産は道府県知事が価格を決定するが，それ以外の固定資産については，市町村長が固定資産評価基準によって価格を決定する。固定資産を適正に評価し，かつ市町村長が行う価格の決定を補助するために，市町村に固定資産評価員を設置し，また，必要な場合，市町村長は固定資産評価補助員を選任する。固定資産評価員は，その市町村の固定資産の状況を実地調査し，それに基づき，土地または家屋について基準年度において基準年度の価格を評価し，償却資産についてその償却資産の賦課期日における価格によって評価しなければならない。この評価をした場合には，遅滞なく評価調書を作成し市町村長に提出しなけれ

ばならない。市町村長は，評価調書を受理した場合においては，これに基づき毎年3月31日までに固定資産の価格等を決定し，直ちに固定資産課税台帳に価格等を登録し，登録の完了を公示しなければならない。第二年度，第三年度の土地または家屋の課税標準が基準年度の価格による場合にあっては，基準年度の価格をもって第二年度，第三年度の登録された価格とみなされる。

市町村長は，土地課税台帳等と家屋課税台帳等の固定資産税に係る価格を記載した，土地価格等縦覧帳簿と家屋価格等縦覧帳簿を毎年3月31日までに作成し，4月1日から4月20日または最初の納期の日の遅い日以後まで（縦覧期間），固定資産税の納税者の縦覧に供しなければならない。

価格について不服のある納税者は，固定資産課税台帳登録完了の公示の日から納税通知書の交付を受けた日後3月までの間に，文書をもって固定資産評価審査委員会に審査の申し出をすることができる。固定資産評価審査委員会は，30日以内に審査の決定をしなければならず，決定から10日以内に審査を申し出た者および市町村長に通知しなければならない。この期限までに決定がないときは却下の決定があったものとみなされる。納税者が決定に不服があるときは，その取消の訴えを提起することができる。固定資産課税台帳に登録された事項についての不服は，この手続によってのみ争うことができる。

土地に対して課する令和6年度から令和8年度までの固定資産税については，基準年度の令和6年度の評価換えにより固定資産税の負担が急増した場合，または後の大幅な地価変動に対応するための調整措置がとられている。

〈参　考〉

　　固定資産税評価審査委員会は，固定資産課税台帳に登録された
事項に関する不服を審査決定するために，市町村に設置されるも
のである（地方税法第423条）。

第六章　国　際　課　税

1.　国際課税の概要

　現在，わが国には多くの外国人が居住し，また，多くの外国企業が事業活動を行っており，また反対に多くの日本人が外国で就業し，日本企業が外国で事業を展開している。これに対し，わが国および外国がどのように課税するかは，それらの個人，企業の活動の成果がどちらの国の歳入に寄与するかという点と，場合によっては二重課税となるおそれがある点で重要な問題である。そして，特に所得に対する課税の在り方は，人の交流や資本の国際的な展開に影響を与えることになる。このような，国と国の関係における課税の問題を国際課税の問題という。

　国際課税で最初に問題とされたのは，各国が居住地国課税と源泉地国課税の双方を採用していることから生ずる国際的二重課税の調整であった。このために租税条約が多くの国との間で締結されてきた。その後，タックス・ヘイブン（Tax Haven）を利用した国際的な租税回避に対応するため，タックス・ヘイブン対策税制が取り入れられた。これは不当に回避された税を，回避したグループから回復するものである。しかし，その後導入された移転価格税制は，一グループ内の国際的取引について，実質的には国と国の間で所得の帰属を問題とするものであり，いわば課税権の争奪の問題ともいえる。過少資本税制も同様の問題を含んでいる。現在，課税の確保と，資本の導入の双方の面から，各国の税制は競争関係にあるといえよう。令和5年には法人

税法にグローバル・ミニマム課税の制度が創設された。

　本章では，非居住者・外国法人に対する課税についてのわが国の所得税法と法人税法の原則的な制度，租税条約，タックス・ヘイブン対策税制，移転価格税制，過少資本税制について概説する。

〈参　考〉

　　　グローバル・ミニマム課税

　　　　一定の多国籍企業グループに属する内国法人に対して，実効税率が15％を下回る国の所得に対する国際最低課税額に対する法人税を創設した（法人税法第2編内国法人の法人税第2章各対象会計年度の国際最低課税額に対する法人税）。これは令和6年4月1日以降開始する会計年度から施行される。

2．非居住者・外国法人

(1)　非居住者

　　所得税の個人の納税義務者は，居住者と非居住者である。居住者とは，国内に住所を有する個人，または現在まで引き続いて1年以上居所を有する個人であり，非居住者とは，居住者以外の個人である。居住者であるか否かについて，国籍は直接的には関係しない。

　　居住者は，国内で得た所得のみでなく外国で得た所得を含む全所得が課税所得となる。一方，非居住者は，わが国内で行う事業や資産の運用等から生じた国内源泉所得（所得税法第161条）が課税所得となる。すなわち，居住地国として居住者の国外所得にも課税する居住地国課税と，所得の源泉地国として非居住者の国内源泉所得に課税する源泉地国課税の制度を採用している。多

くの国が同様の制度を採用しているため，非居住地国に源泉のある所得について国際的な二重課税が生じる。わが国の所得税法では，外国税額控除の制度により，この二重課税を調整している。

　非居住者に対する課税の方法は，平成26年の税制改正において，総合主義から帰属主義に移行したことにより，大幅に変更された。帰属主義とは，恒久的施設を独立の事業者と擬制し，恒久的施設に帰属する所得を国内源泉所得の中心に位置付けるものである。このため，新たに恒久的施設の定義規定および恒久的施設帰属所得の計算規定が設けられた。また，非居住者の本店と支店等の内部取引について所得を認識することからの必要もあり，恒久的施設帰属所得に関する文書化の規定（所得税法第166条の2）が設けられた。

　帰属主義への移行は，租税条約が帰属主義に基づいており所得税法・法人税法とずれがあったがこれを修正すること，恒久的施設に帰属する国外所得を国内源泉所得とすること，恒久的施設を経由しない取引を申告対象外とすること等の意味がある。

　従来，恒久的施設を有する非居住者は，居住者と同様に全ての国内源泉所得を総合合算（総合主義）して申告することとされていた。しかし，平成26年改正により恒久的施設を有する非居住者は，恒久的施設帰属所得，国内の資産の運用・保有または不動産の譲渡による所得，国内における人的役務提供の対価，居住者または内国法人に対する船舶・航空機の貸付けの対価，その他源泉が国内にある所得として政令で定める所得に限り申告による総合課税が行われる（所得税法第164条）。

　恒久的施設を有さない非居住者は，恒久的施設を有する者の総

合課税となる所得から，恒久的施設帰属所得を除いた所得が申告による総合課税の対象となり，従来と大きく変わらない。

総合課税の対象とならない国内源泉所得である，利子，配当，使用料，給与等については，税率15％から20％の源泉徴収による分離課税とされている（所得税法第169条）。

非居住者に対する二重課税の調整措置は，従来，所得税法では規定されていなかったが，平成26年改正において，恒久的施設に帰属する国外所得が課税対象となったため，この二重課税を調整するための非居住者に対する外国税額控除の制度が設けられた（第165条の6）。

その他の二重課税については，居住地国の税法に基づく外国税額控除等によって調整されることになる。

〈参　考〉

1. 非永住者　　非永住者は，居住者のうち，日本の国籍を有しておらず，かつ，過去10年以内において国内に住所または居所を有していた期間の合計が5年以下である個人をいう。非永住者の課税所得は国内源泉所得の全てと，これ以外の所得で国内において支払われ，または国外から送金されたものである。

2. 恒久的施設（PE）
平成26年の所得税法の改正により，恒久的施設の定義が設けられた（所得税法第2条第1項8の4号）。恒久的施設とは，非居住者又は外国法人の，①国内にある支店，工場その他事業を行なう一定の場所で政令で定めるもの，②国内にある建設若しくは据付けの工事又はこれらの指揮監督の役務の提供を行う場所その他これに準ずるものとして政令で定めるもの，③国内に置く自己のために契約を締結する権限のある者その他これ

に準ずる者で政令で定めるものである。恒久的施設は通常 PE（Permanent Establishment）と略称される。

　3．恒久的施設帰属所得

　　平成26年の所得税法の改正により，国内において行う事業による所得とされていた国内源泉所得を，恒久的施設に帰せられるべき所得と改正されたことから，恒久的施設帰属所得の意義が重要となった。恒久的施設帰属所得については，恒久的施設が独立の事業者であるとしたならその機能，資産，内部取引その他の状況を勘案して，当該恒久的施設に帰せられるべき所得とされている（所得税法第161条第1項1号，165条第2項）。

(2)　外国法人

　外国法人に対する法人税は，所得税法と同様に源泉地国課税の制度により法人税法の定める国内源泉所得について課税される（法人税法第138条）。平成26年の税制改正における総合主義から帰属主義への移行により，法人税法も大きく改正された。総合主義から帰属主義への移行は，主として法人税の分野で意義がある。

　帰属主義への移行により，所得税法と同様の恒久的施設の定義規定（法人税法第2条第12の18号）および恒久的施設帰属所得の計算規定が設けられた（法人税法第138条第1項第1号，第142条）。外国法人本店と支店等の内部取引について所得を認識することから，内部取引に関する規定（第142条第3項）および内部取引の文書化の規定（法人税法146条の2）が設けられた。帰属主義により恒久的施設の国外所得が国内源泉所得に含まれることとなる。

　従来，恒久的施設を有する外国法人は，全ての国内源泉所得

が課税所得となり，一方，恒久的施設を有さない外国法人は国内
で行う事業から生じる所得を除く国内源泉所得の一部が課税所得
とされ，利子，配当，使用料等の国内源泉所得は法人税の課税対
象とされず，10%から20%の源泉徴収による所得税が課されてい
た。

　平成26年の改正により，国内源泉所得が整理され国内源泉所得
に含まれていた利子，配当，使用料等は法人税法の国内源泉所得
から除かれた。国内源泉所得の中心として恒久的施設に帰属すべ
き所得が設けられ，従来の国内で行う事業から生じる所得はこれ
に含まれ，利子，配当，使用料等も恒久的施設に帰属する場合は
それに含まれることとなる。

　その結果，恒久的施設を有する外国法人は，恒久的施設帰属所
得を主体として国内における資産の運用・保有または不動産の譲
渡による所得，国内における人的役務提供の対価による所得，国
内における不動産・船舶・航空機の貸付けの対価，その他政令で
定めるものの全ての国内源泉所得について課税される。恒久的施
設を有さない外国法人は，恒久的施設帰属所得以外の国内源泉所
得について課税される。

　恒久的施設に帰属しない，利子，配当，使用料等は，国内源泉
所得から除かれたが，これらについては，所得税法により10%か
ら20%の税率による源泉徴収により所得税が課税される。

　恒久的施設に帰属する国外所得に法人税が課税されることとな
ったため，この二重課税を調整するために外国法人に係る外国税
額控除の制度が設けられた（法人税法第144条の2）。その他の二
重課税は，法人格を付与された国等における税法の外国税額控除

等により調整されることになる。

<参　考>

　　法人税法による国内源泉所得は，次のとおりである（法人税法第138条）。

(1)　外国法人が恒久的施設を通じて事業を行う場合において，当該恒久的施設が当該外国法人から独立して事業を行う事業者であるとしたならば，当該恒久的施設が果たす機能，当該恒久的施設において使用する資産，当該恒久的施設と当該外国法人の本店等（当該外国法人の本店，支店，工場その他これらに準ずるものとして政令で定めるものであって当該恒久的施設以外のものをいう。）との間の内部取引その他の状況を勘案して，当該恒久的施設に帰せられるべき所得（当該恒久的施設の譲渡により生ずる所得を含む。）

(2)　国内にある資産の運用，保有により生ずる所得

(3)　国内にある資産の譲渡により生ずる所得として政令で定めるもの

(4)　国内において人的役務の提供を主たる内容とする事業で政令で定めるものを行う法人が受ける当該人的役務の提供に係る対価

(5)　国内の不動産貸付，居住者若しくは内国法人に対する船舶・航空機の貸付の対価

(6)　その他源泉が国内にあるものとして政令で定めるもの

3.　租税条約

　非居住者，外国法人については，各国がそれぞれの税法により課税するのであるが，より円滑な人的，物的交流を行うためには，二重課税を排除し，また，互いの国民が課税上で対等な扱いがされるよう，

国と国との間で課税の方法を調整することが望ましい。このためわが国においても，ほとんど全ての先進国との間に，二国間の租税条約を締結している。租税条約は，対象税目，適用領域，課税の範囲，用語の定義，租税の免除，権限ある当局の相互協議，情報の交換等を定めている。対象税目は，ほとんどが所得課税に関するものであり，所得税，法人税を対象としている。条約の規定は，わが国では国内法に優先するのであるが，国内源泉所得の範囲については，所得税法および法人税法自体が租税条約の定めを優先する旨の規定を設けている。租税条約の実施のために，租税条約の実施に伴う所得税法，法人税法及び地方税法の特例等に関する法律が制定されている。

租税条約の内容は，互いの国の課税権と税法規定を尊重しつつ，互いの税法規定を明確にし，二重課税を排除し，相互に一定の課税の軽減，免除を定めて人，物，資金の交流の促進を図ろうとするものである。

米国との租税条約を例にとると，その内容は次のようなものである。

この条約は，合衆国の内国歳入法による連邦所得税（社会保障税を除く。），日本国の所得税，法人税および条約の署名日の後に課されるそれらと同一または実質的に類似するものに適用する。

「一方の締約国の居住者」とは，住所，居所，市民権，本店または主たる事務所の所在地，法人の設立場所その他これらに類する基準により当該一方の締約国において課税を受けるべきものとされる者をいう。双方の締約国の居住者となる個人は，恒久的住居，重要な利害関係の中心，常用の住居の所在，国籍または市民権により順次判定し居住者となる国を定め，それにより定まらない場合は，権限ある当局の

合意により当該事案を解決する。

　恒久的施設（PE）とは，事業を行う一定の場所であって企業がその事業の全部または一部を行っている場所をいう。恒久的施設には，事業の管理場所，支店，事務所，工場，作業場，石油または天然ガスの抗井等天然資源を採取する場所，12か月を超えて存続する建設工事現場等を含み，商品の保管・展示のための施設，商品を購入しまたは情報収集のみの目的で事業を行う場所，準備的または補助的な活動を目的とする場所を含まない。

　一方の締約国の居住者が，他方の締約国内の不動産から取得する所得（農業，林業を含む。）に対しては，他方の締約国で課税できる。

　一方の締約国の企業の利得に対しては，他方の国内にある恒久的施設における事業に係る利得に対してのみ，他方の国で課税できる。

　一方の締約国から他方の国の居住者に支払われる配当に対しては，他方の国で課税できる。この配当には，支払う法人が居住者とされる締約国においても，配当額の10％（親子間配当は5％）を超えない範囲で課税できる。ただし，持株割合50％超の親会社に対する親子間配当には課税できない。

　一方の締約国で生じ，他方の国の居住者に支払われる利子に対しては，他方の国で課税できる。政府・中央銀行等に支払われる利子以外の利子には，利子が生じた国でも課税できる。税額は，受益者（受取人）が他方の国の居住者であるときは，利子の額の10％を超えることができない。

　一方の締約国で生じ，他方の国の居住者が受益者（受取人）である著作権，特許権，ノウハウ等の使用料に対しては，他方の国のみ課税できる。

一方の締約国の居住者が，他方の国内での勤務から生ずる報酬については，他方の国で課税できる。ただし，他方の国内での滞在期間が課税年度開始前後の両12ヶ月のいずれでも183日を越えず，雇用者が他方の国の居住者でなく，報酬が他方の国の恒久的施設で負担するものでない場合は，一方の締約国のみ課税できる。

　一方の締約国の居住者である音楽家，芸能人，運動家が，他方の締約国内で行う個人的活動により取得する所得に対しては，他方の国で課税できる。

　一方の締約国内の大学等で教育または研究を行うために一時的に滞在する個人で，引き続き他方の国の居住者である者が，その教育または研究につき取得する報酬については，2年を超えない期間一方の締約国で租税を免除する。

　日本の居住者が，合衆国で納付する所得税は，日本国の租税の額から控除する。合衆国の市民もしくは居住者が支払う日本国の租税は，合衆国の租税から控除することが認められる。

　その他，平等取扱い，条約の規定に適合しない課税措置に対する申立て，申立てに関して両国の権限ある当局は合意により解決するよう努めるべきこと，条約実施に関する情報交換等が定められている。

4. タックス・ヘイブン対策税制

　国際的な資本の移動が自由になると，法人税が無い国または法人税の実効税率が著しく低い国，いわゆるタックス・ヘイブン国に法人を設立することが可能となる。そうすると内国法人が，タックス・ヘイブンに子会社を設立し，その会社を経由して取引を行い，子会社に利益を留保して内国法人自体の所得を低く抑えることにより，グループ

としての法人税の軽減を図ることが可能となる。タックス・ヘイブン国の法人税の非課税または軽課により資本を導入しようとする経済政策に便乗し，実体のない子会社を設立して税負担の軽減を図ることは不当と考えられ，このような不当な税負担の軽減に対し，諸外国においてもこれに対処する立法措置が講じられている。

わが国においては，昭和53年に租税特別措置法においてタックス・ヘイブン対策税制が定められた。当初は大蔵省告示によりタックス・ヘイブンとしての国または地域を指定し，そこにある子会社を対象としていたが，その後，個別の指定を改め法人所得に対する税が無いか税額が所得の20％未満である国または地域にある子会社を対象とし，不当な税の軽減とみられない事業実態のある場合等を適用除外としていた。しかし，平成29年の税法改正において，外国子会社の経済実態に即して課税すべきとの考え方から，事業実態がない外国子会社を適用対象とする外国子会社の実態を先に判断する制度に改正された。

現在の租税特別措置法第66条の6が規定しているタックス・ヘイブン対策税制（内国法人の外国関係会社に係る所得の課税の特例）の概要は，次のとおりである。

(1) 適用法人

　タックス・ヘイブン対策税制の適用対象となる法人は，内国法人が外国関係会社の発行済み株式の10％以上を保有している場合，外国関係会社との間に実質支配関係がある場合等のその内国法人である。その内国法人の外国関係法人が，特定外国関係会社または対象外国関係会社であるときは，外国関係会社の所得から算定される適用対象金額をその内国法人の収益の額とみなして，一定額をその内国法人の各事業年度の所得の計算上，益金の額に

算入するものである。

　外国関係会社とは，居住者および内国法人等が発行済株式の50％超を直接または間接に保有している外国法人である。

　特定外国関係会社とは，本店所在地に会社の経済実態が無いと推測される外国関係会社で，本店所在地に事務所等の固定施設を有しておらず，かつ本店所在地国で事業の管理・支配・運営を行っていない外国関係会社，総資産額に占める受取配当，利子等の割合が30％超である外国関係会社（貸付金・有価証券等50％超），財務大臣が指定する例外的国または地域に本店等を有する外国関係会社である。

　対象外国関係会社とは，次の経済活動基準のいずれにも該当しない外国関係法人である。①株式の保有，工業所有権の提供または船舶若しくは航空機の貸付を主たる業務とするもの（事業基準），②主たる業務に必要な事務所等の固定施設を有し事業の管理，支配，運営を自ら行っていること（事業実体および管理支配基準），③卸売業，銀行業，水運業等の一定の業種で主として関連者以外の者との取引として政令で定めるものに該当すること（非関連者基準），またはその他の事業で事業を主として本店所在地国で行っていること（所在地国基準）

(2)　適用対象金額

　適用対象金額とは，特定外国関係会社または対象外国関係会社の各事業年度の決算に基づく所得の金額について，わが国の法人税法，租税特別措置法による所得計算に準じて計算した基準所得金額に繰越欠損金等の調整を加えた金額であり，詳細は政令により定められている。益金の額に算入されるのは，適用対象金額に

政令で定める保有株式割合等を乗じて算出した課税対象金額である。

(3) 適用除外

　　税負担の不当な軽減を図ることを防止するために，タックス・ヘイブン対策税制が設けられているが，現実に税負担が不当に軽くない場合は，タックス・ヘイブン対策税制を適用する必要はないと考えられる。このことから，実質的な所得に対する外国関係会社の所在地の所得税の負担割合が，特定外国関係会社で30％以上である場合，対象外国関係会社で20％以上である場合は，タックス・ヘイブン対策税制は適用されない。

5. 移転価格税制

　ある国の法人と他の国にある法人が親子会社または特別の関係がある場合には，両者の取引において，独立の企業間で設定される価格と異なる価格設定が可能であり，それによりどちらかの国の法人の所得を少なくし他方の法人の所得を大きくすることが可能である。所得を大きくした法人の所在地国がタックス・ヘイブン国であれば，両法人を通じた法人税額が軽減されることになる。しかし，両法人を通じた法人税額が軽減されない場合であっても，所得を少なくした法人の所在地国は，本来課税できる所得が減少することにより税収が減少せざるを得ない。このような結果は不当と考えられ，特別の関係がある企業間で，独立企業間価格と異なる価格で取引が行われ，その結果所得が減少した場合は，独立の企業間価格で行われたものとして所得を算定する考え方が生じた。現在米国を初め，主要先進国ではこの考え方に基づく移転価格税制が取り入れられている。

タックス・ヘイブン対策税制が，国際的な租税回避を防止するとの考え方に基づいているのに対し，移転価格税制は必ずしも，租税回避を想定するものではない。税負担を少なくしようとする意図の有無に関わらず，現実の取引価格が独立企業間価格と異なる場合に，独立企業間価格により所得を算定するものである。所得の少なくなった法人の所在地国が課税の根拠とする制度であり，他国に移転された所得に係る税収を回復するものである。移転価格税制に基づく課税の結果，関係両法人を通じた税負担で見ると，移転価格税制により増加した所得について二重課税となることが通常である。この二重課税を解消するため，租税条約の二国の当局間での相互協議の制度が活用される。

　わが国に移転価格税制が導入されたのは，昭和61年３月であり，同年４月以降に開始する事業年度から適用されている。移転価格税制を定めているのは，租税特別措置法第66条の４（国外関連者との取引に係る課税の特例）であり，その概要は次のとおりである。

(1)　適用取引

　　法人が，国外関連者との間で資産の販売，資産の購入，役務の提供その他の取引を行った場合に，国外関連者から支払を受ける対価の額が独立企業間価格に満たないとき，または国外関連者に支払う対価の額が独立企業間価格を超えるときは，法人の事業年度の所得に関する法人税法の適用については，当該国外関連取引は独立企業間価格で行われたものとみなす。

　　国外関連者とは，外国法人であって，法人との間にどちらかが他方の法人の50％以上の株式を直接・間接に保有する関係その他特殊の関係にあるものをいう。特殊の関係には，両法人が同一の者によりそれぞれの50％以上の株式を直接・間接に保有されてい

ること，役員の２分の１以上が他の法人の役員または使用人を兼務していること，事業活動の相当部分を他方の法人との取引に依存していること等が含まれる。

(2) 独立企業間価格

独立企業間価格をどのように算定するかは，最も重要であってしかも困難なことであるが，租税特別措置法では第66条の４第２項において，その方法を定めている。その内容は次のようなものである。

棚卸資産の販売・購入については独立企業間価格を，独立価格比準法，再販売価格基準法，原価基準法，その他これらに準ずる方法その他政令で定める方法の最適な方法により算定する。

独立価格比準法は，特殊の関係の無い売手と買手が，同種の棚卸資産をその国外関連取引と取引段階，取引数量その他が同様の状況の下で売買した取引の対価の額を独立企業間価格とするものである。再販売価格基準法は，棚卸資産の買手が特殊の関係の無い者にその棚卸資産を販売した対価の額から通常の利潤の額を控除した金額を独立企業間価格とし，原価基準法は，棚卸資産の売手の購入・製造等の取得原価に通常の利潤の額を加算した金額を独立企業間価格とするものである。政令で定める方法は，その取引による両法人の所得を，所得発生についての両法人の寄与の程度により両法人に帰属するものとし，その所得をもたらす価格を独立企業間価格とするものである。

この制度を執行するため，税務行政庁が独立企業間価格を認定するために必要な書類もしくは帳簿の提示・提出義務が定められている。この義務が守られない場合には，税務署長は，類似同業

種の売上総利益率等を基礎とした再販売価格基準法または原価基準法により，独立企業間価格を推定することができることとされている。税務行政庁には，独立企業間価格を算定するために，同種の事業を営む者に対する質問検査権が認められている。

(3) 相互協議

　移転価格税制に基づく課税の結果，両法人を通じて二重課税が生じた場合，両法人は租税条約に基づき，権限ある当局の協議の申立てをすることができる。この相互協議については，国税庁が手続を定めている。両国の当局間で独立企業間価格について合意が成立したときは，その合意に基づく更正の請求により減額更正が行われる。

6. 過少資本税制

　法人が事業活動を行うための資金を必要とするとき，資金の調達の方法として出資を求める場合と，借入れによる場合がある。出資に対する見返りは配当であり，借入れの対価は利子である。すでに見たように法人税法上配当は利益の処分であり，所得の計算において損金に算入されることはないのに対し，利子は損金に算入される。法人税を軽減するという観点からは，資本を少なくし，借入れにより資金を調達した方が有利となる。この場合，国内の法人間で資金の貸借があったとしても，借り入れた法人で損金とされた利子は，貸主である法人の収益として益金に算入され，その法人の所得を形成するので，一般的には国全体としての法人税の収入が減少することはない。しかし，貸主である法人が，外国法人であり利子収入について法人税の課税が及ばない場合は，借主の法人の所在地国は，借主の法人税の減少分を

回復することができない。このことから，資本が少額であって借入金が不自然に多い特定の資金の借入れについて，支払利子を損金に算入しないこととする考え方が生じてきた。

わが国では平成4年にこの考えに基づく制度が整えられ，同年4月1日以降開始する事業年度から適用された。これを定めているのは，租税特別措置法第66条の5（国外支配株主等に係る負債の利子等の課税の特例）であり，過少資本税制とよばれている。その概要は次のとおりである。

内国法人が，国外支配株主等または資金供与者等に負債の利子等を支払う場合において，その国外支配株主等および資金供与者等に対する負債のその事業年度の平均残高が，その国外支配株主等の資本持分の3倍を超えるときは，その超える部分に対応する利子は損金に算入しない。ただし，その法人の負債の利子等の支払の基因となる総負債の平均負債残高が自己資本の額の3倍以下の場合は，この規定を適用しない。

国外支配株主等とは，非居住者または外国法人であって，内国法人の50％以上の株式を直接・間接に保有する関係等の特殊の関係にあるものである。特殊の関係には，その法人と外国法人が同一の者によってそれぞれの株式の50％以上を直接・間接に保有されていること，その法人が事業活動の相当部分を非居住者または外国法人との取引に依存していること，資金の相当部分を借り入れまたは保証を受けていること，役員の2分の1以上が外国法人の役員または使用人であること等が含まれる。

資金供与者等とは，国外支配株主の保証を受けて資金を供与する者等，政令で定める者である。

この規定は，国内において事業を行う外国法人が支払う負債利子について準用される。その際，国外支配株主の資本持分は，国内事業に係る資本持分とされる。

参 考 文 献

金 子　　宏・租税法［第二十四版］（令和 3 年・弘文堂）

増 井 良 啓・租税法入門［第 3 版］（令和 5 年・有斐閣）

図 子 善 信・新税法理論—優しい税法—（平成30年・成文堂）

水 野 忠 恒・大系租税法［第 4 版］（令和 5 年・中央経済社）

金 子　　宏他編・ケースブック租税法［第 6 版］（令和 5 年・弘文堂）

金 子　　宏・清永敬次・宮谷俊胤・畠山武道・税法入門［第 7 版］（平
　　　　　成28年・有斐閣）

清 永 敬 次・税法［新装版］（平成25年・ミネルヴァ書房）

岡村忠生・渡辺徹也・高橋祐介・ベーシック税法［第 7 版］（平成28
　　　　　年・有斐閣）

増 田 英 敏・リーガルマインド租税法［第 5 版］（令和元年・成文堂）

佐藤英昭・岡村忠生・谷口勢津夫・増井良啓・渡辺徹也・租税法演習
　　　　　ノート［第 4 版］（令和 3 年・弘文堂）

岩 崎 政 明・ハイポセティカル・スタディ租税法［第 3 版］（平成22
　　　　　年・弘文堂）

北 野 弘 久・現代税法講義［5 訂版］（平成21年・法律文化社）

北野弘久・黒川功・税法学原論［第 9 版］（令和 4 年・勁草書房）

図 子 善 信・租税法律関係論（平成16年・成文堂）

山 田 二 郎・税法講義（平成13年・信山社出版）

浅沼潤三郎・租税法要論（平成11年・八千代出版）

木 村 弘之亮・租税法総則（平成10年・成文堂）

新井隆一・租税法の基礎理論［3訂版］（平成9年・日本評論社）

田中二郎・租税法［第3版］（平成2年・有斐閣法律学全集）

塩野　宏・行政法Ⅰ［第6版］（平成27年・有斐閣）

塩野　宏・行政法Ⅱ［第6版］（令和元年・有斐閣）

藤田宙靖・行政法総論（平成25年・青林書院）

田中二郎・新版行政法上巻［全訂第2版］（昭和49年・弘文堂）

芝池義一他・租税行政と権利保護（平成7年・ミネルヴァ書房）

清永敬次・租税回避の研究（平成7年・ミネルヴァ書房）

税務大学校研究部編・税務署の創設と税務行政の100年（平成8年・
　　　　大蔵財務協会）

西野敏雄・税って何だろう［3訂版］（平成18年・朝陽会）

丸山高満・日本地方税制史（昭和60年・ぎょうせい）

志場喜徳郎他・国税通則法精解［令和4年改訂］（令和4年・大蔵財
　　　　務協会）

荻野　豊・実務国税通則法［平成17年版］（平成17年・大蔵財務協
　　　　会）

吉国二郎他・国税徴収法精解［令和6年改訂］（令和6年・大蔵財
　　　　務協会）

品川芳宣・附帯税の事例研究［第4版］（平成24年・財経詳報社）

品川芳宣・租税法律主義と税務通達（平成15年・ぎょうせい）

品川芳宣・重要租税判決の実務研究〔第三版〕（平成26年・大蔵財
　　　　務協会）

浅田久治郎他・第二次納税義務制度の実務と理論［改訂新版］（平成
　　　　18年・大蔵財務協会）

武田昌輔監・DHCコンメンタール国税通則法（第一法規）

武 田 昌 輔監・DHC コンメンタール所得税法（第一法規）

武 田 昌 輔監・DHC コンメンタール法人税法（第一法規）

武 田 昌 輔監・DHC コンメンタール相続税法（第一法規）

武 田 昌 輔監・DHC コンメンタール消費税法（第一法規）

渡 辺 淑 夫・法人税法［令和4年度版］（令和4年・中央経済社）

伊 藤 邦 雄・ゼミナール現代会計入門［第9版］（平成24年・日本経済新聞社）

新 井 清 光他・新版現代会計学［第3版］（平成26年・中央経済社）

尾 崎　　護編・消費税法詳解［改訂版］（平成3年・税務経理協会）

木 村 剛志・大 島 隆 夫・消費税法の考え方・読み方［5訂版］（平成22年税務経理協会）

碓 井 光 明・地方税の法理論と実際（昭和61年・弘文堂）

碓 井 光 明・要説地方税のしくみと法（平成13年・学陽書房）

地方税事務研究会・地方税100のポイント（平成8年・ぎょうせい）

小 松 芳 明・国際租税法講義（平成7年・税務経理協会）

川 田　　剛・国際課税の基礎知識［11訂版］（令和3年・税務経理協会）

本 庄　　資・田井良夫・関口博久・国際租税法―概論―［第4版］（平成30年・大蔵財務協会）

本 庄　　資・国際取引課税の実務（平成8年・大蔵財務協会）

矢 内 一 好・租税条約の論点（平成9年・中央経済社）

矢 内 一 好・国際課税と租税条約（平成4年・ぎょうせい）

山 川 博 樹・移転価格税制の執行（平成8年・税務研究会出版会）

中 里　　実・佐藤英明他編・別冊ジュリスト租税判例百選［第7版］（令和3年・有斐閣）

金 子　　宏他編・税研208号最新租税基本判例70（令和元年・日本税
　　　　　　務研究センター）
神 野 直 彦・税金常識のウソ（平成25年・文芸春秋）
井 手 英 策・日本財政　転換の指針（平成25年・岩波書店）
中　 里　 実・租税史回廊（令和元年・税務経理協会）

索　引

図子善信 （ずし・よしのぶ）

昭和41年　関西学院大学大学院法学研究科修了
同　　年　国税庁入庁
昭和46年　大蔵省国際金融局企画課企画係長
昭和48年　紋別税務署長
昭和55年　国税庁直税部資産税課課長補佐
昭和59年　名古屋国税局間税部長
昭和62年　税務大学校研究部長
平成2年　関東信越国税局総務部長
平成3年　石油公団資金部長
平成6年　福岡国税不服審判所長
平成8年　久留米大学法学部教授
平成16年　法学博士
平成24年　久留米大学名誉教授

〈著書・論文〉

「新税法理論」（平成30年・成文堂），「租税法律関係論」（平成16年・成文堂），第二次納税義務者の権利救済について（税務大学校論叢26号），国税通則法2条5号の「納税者」の意義（税法学549号），課税処分取消訴訟に関する一試論（税法学562号）など

税法概論

平成10年4月17日	初版発行
令和6年3月30日	二十一訂版印刷
令和6年4月15日	二十一訂版発行

不　許
複　製

著　者　図　子　善　信

（一財）大蔵財務協会　理事長
発行者　木　村　幸　俊

〒130-8585
東京都墨田区東駒形1丁目14番1号

発行所　一般財団法人　大蔵財務協会

電話【販売部】03-3829-4141・FAX 03-3829-4001
　　　【編集局】03-3829-4144・　　03-3829-4005
URL http://www.zaikyo.or.jp
印刷　星野精版印刷㈱

ISBN978-4-7547-3215-8 C3033